NOTICE

SUR

L'ABBÉ HENRI PLANCHAT

NOTICE

SUR

L'ABBÉ HENRI PLANCHAT

AUMONIER DU PATRONAGE DES APPRENTIS ET DES JEUNES OUVRIERS
DE SAINTE-ANNE, A CHARONNE ;
DE LA COMMUNAUTÉ DES FRÈRES DE SAINT-VINCENT DE PAUL,
L'UN DES OTAGES DE LA COMMUNE, ASSASSINÉ A BELLEVILLE LE 26 MAI 1871
EN HAINE DE LA RELIGION

PAR

Maurice MAIGNEN

F. DE S.-V. DE P.

> « ... Vivent mortui tui, interfecti
> mei resurgent.... »
>
> « ... Vos morts vivront; mes chers
> victimes ressusciteront.... »
> (ISAIE, 26, 10.)

PARIS
RUE FURSTENBERG, 6.

—

1871

L'Église de Paris vient de rendre encore témoignage pour la foi. Principal foyer de l'impiété moderne dans le monde, Paris, comme le Japon, comme la Corée, a depuis près de cent ans illustré l'Église de nouveaux martyrs, dont l'héroïsme ne le cède en rien à ceux des premiers siècles. Depuis 1789, deux de ses archevêques ont souffert l'exil et la persécution ; trois autres ont rougi de leur sang le siége de saint Denis. La dernière victime n'est pas montée seule à l'autel du sacrifice ; vingt-deux prêtres ont été immolés avec elle, en haine de la religion. A peine Mgr Darboy avait-il achevé de recueillir dans la crypte des Carmes les ossements sacrés des évêques et des prêtres massacrés en septembre 1792, que lui-même tombait victime, non de la colère aveugle d'une populace en délire, mais de la rage froide d'athées conséquents, appliquant à la rigueur et logiquement les principes de la Révolution sociale. Dans cette sanglante immolation, les ministères divers de l'Église de Paris ont été représentés : l'administration épiscopale, le clergé séculier, les ordres religieux, l'enseignement, les missions, le ministère paroissial, celui de la chaire et de la direction des âmes. L'hécatombe

eût été incomplète si les œuvres de charité, si multipliées à Paris, n'y eussent eu leur représentant. L'abbé
Planchat, aumônier du Patronage des apprentis et des
jeunes ouvriers de Sainte-Anne, fondé par la Société
de Saint-Vincent de Paul pour le faubourg Saint-Antoine, Charonne, Ménilmontant, Belleville, etc., eut
cet honneur. Pauvre religieux d'une petite communauté naissante et inconnue, il n'avait aucune qualité
pour être choisi comme otage. *Son délit* fut d'être
prêtre et dévoué aux ouvriers, aux pauvres, aux enfants
du peuple. Il a été mis à mort uniquement à cause de
son ministère, et sur le lieu même où il s'était exercé
depuis près de dix années. Il a été conduit au supplice,
au milieu d'une population témoin d'un dévouement
dont il y eut peu d'exemples à Paris, depuis le pauvre
prêtre et saint Vincent de Paul. Il eut cette douleur
particulière, qui fut épargnée aux compagnons de son
martyre, d'être mis à mort par ceux-là même qu'il
avait le plus aimés et auxquels il avait consacré sa vie;
et, comme Notre-Seigneur, il eut pu dire à ses bourreaux : « J'ai fait devant vous plusieurs bonnes œuvres;
pour laquelle est-ce que vous me lapidez ? »

Certes, nous ne prétendons préjuger aucunement une
décision qui appartient à l'Église; mais si les prêtres
qui viennent d'être immolés sont martyrs, le pauvre
abbé Planchat, la dernière des victimes selon l'ordre
hiérarchique, fut l'une des premières admises dans la
gloire, par Celui qui est venu sur la terre pour évangé-
liser les pauvres, et qui a promis le ciel pour un verre
d'eau donné en son nom.

I

NAISSANCE ET JEUNESSE

Marie-Mathieu-Henri Planchat naquit à Bourbon-Vendée, le 2 novembre 1823. Son grand-père, simple artisan, sauva pendant la première révolution quatorze prêtres; son fils aîné se destina à l'état ecclésiastique et fit ses études, aidé par la générosité d'une pieuse tante. Plus tard, ne se sentant pas la vocation nécessaire, il entra dans la magistrature. Un des prêtres sauvés par son père, M. l'abbé Rocher, aumônier du roi, devint son zélé protecteur et le recommanda au duc Mathieu de Montmorency, mort en odeur de sainteté le vendredi saint, au chevet des malades de l'Hôtel-Dieu. D'abord juge de paix à Compiègne, où il se maria, M. Planchat fut nommé juge au tribunal civil de Bourbon-Vendée, et occupa le même poste successivement à Chartres et à Lille. Il fut père de quatre enfants, dont deux filles, toutes deux religieuses, l'une fille de la Charité, actuellement à Constantinople, l'autre, religieuse de Notre-Dame, à Moulins; et deux garçons, dont l'aîné était l'abbé Planchat. Ce fut en mémoire de son saint protecteur que M. Planchat donna au saint baptême, à son premier enfant, le nom de Mathieu. L'abbé Planchat, arrêté le jeudi saint, au milieu des pauvres, est mort un vendredi, ainsi que son vénéré parrain. En 1847, M. Planchat fut nommé président du tribunal civil d'Oran, et destitué peu après, pour avoir inauguré, de son chef, à son arrivée, un grand crucifix dans la salle de justice. Il mourut conseiller à la cour d'Alger.

L'abbé Planchat, jusqu'à l'âge de quatorze ans, n'eut pas d'autres maîtres pour son instruction que son père et sa mère. Un trait de son enfance donne une idée de son intelligence vive et précoce. A l'âge de trois ans on le conduisit à la foire de Chartres. Au retour de la promenade, le petit Henri demanda à sa mère des explications sur diverses choses qui l'avaient frappé. Il avait vu sur une toile pendue à la porte d'une barraque, un homme couché et les bras attachés à de grands bâtons, et auprès de lui une belle dame. — C'est le bon Dieu, mort pour nous, et sa sainte mère, lui fut-il répondu. — Maman, dit l'enfant, cela n'est pas possible, car vous m'avez fait apprendre dans mon catéchisme que le bon Dieu est tout puissant. S'il est tout puissant, il n'a pas de maman, car lorsqu'on a une maman, on ne fait pas tout ce qu'on veut.

Un jour, en allant faire une commission chez un fournisseur, celui-ci offrit à l'enfant un sucre d'orge. Henri refuse. Le marchand insiste. — Ma mère m'a défendu de rien accepter, répondait l'enfant. — Mais elle ne le saura pas. — Est-ce qu'il ne faut pas dire à sa mère tout ce que l'on fait? Ce serait la première fois que je lui cacherais quelque chose. Elle m'a promis de ne jamais me gronder toutes les fois que je lui avouerais une faute. Aussi je lui dis tout.......

C'est le fournisseur, étonné de ces réponses, qui les répéta à madame Planchat. Ce qu'il était dans son enfance, il le fut toute sa vie; il n'y eut jamais de cœur plus ouvert que le sien, ni d'âme plus sincère.

L'abbé Planchat fit sa première communion à Lille,

à la paroisse de la Madeleine. Le curé, son confesseur, le signala à ses parents comme une âme de choix. Déjà il aimait les pauvres et leur donnait tout ce qu'il avait. Son caractère vif était inaccessible à la crainte. Aucune menace de châtiment ne pouvait le faire céder ; mais sa mère, en parlant à son cœur, obtenait aussitôt de lui ce qui lui coûtait le plus.

Ce fut à l'âge de quatorze ans qu'il se sépara pour la première fois de ses parents, pour être placé au collége Stanislas, sous l'excellente direction de M. l'abbé Buquet, depuis évêque de Parium, resté son protecteur et son ami. Le jeune Planchat ne demeura à Stanislas que trois années ; mais chez ses professeurs et ses condisciples, son souvenir dure encore. Son intelligence très-vive, son travail opiniâtre, sa mémoire heureuse lui obtinrent des succès au collége et au grand concours ; son obéissance, sa piété, sa bonté de cœur lui avaient gagné l'estime de tous ; un peu d'étrangeté dans les manières, un peu d'irritabilité dans le caractère, toujours rachetés par des excuses spontanées, ne trouvèrent pas grâce auprès de ses condisciples, et il fut trop souvent le jouet de leurs malices. Au grand regret de ses maîtres, il dut quitter le collége et entra à l'institution de M. l'abbé Poiloup, à Vaugirard, actuellement collége des Jésuites, pendant longtemps depuis dirigé par le P. Olivain. Il y termina ses classes et y fit ses études de droit.

Dans cette maison il trouva de la part de ses maîtres les mêmes sympathies qu'à Stanislas, et parmi les élèves, moins de difficultés. Sa piété, toujours tendre depuis son enfance jusqu'à son âge mûr, dans la calme existence du collége ou du séminaire, comme au milieu des indicibles labeurs de son apostolat, ne s'arrêta jamais aux douceurs et aux sentiments pour s'éteindre ensuite, comme il arrive trop souvent, dans la tiédeur. Il comprit toujours que l'essence de la vraie dévotion et de tout le christianisme, c'est le combat. Il lutta sans cesse, non pas tant contre les tentations de la jeunesse, dont son âme préservée eut peu à souffrir ; mais contre des défauts plutôt physiques que moraux, misères involontaires d'un tempérament malade et fatigué. Ce fut sa croix. Le bon maître n'a pas voulu en refuser le bienfait à aucun de ses serviteurs, même aux plus parfaits.

C'est au collége de Vaugirard que l'abbé Planchat commença à faire partie de la Société de Saint-Vincent de Paul. Tout le temps libre entre les cours de droit et la surveillance de l'étude dont il avait accepté la présidence, il le consacrait aux pauvres de Vaugirard. Il s'était chargé de la Bibliothèque populaire fondée par la Conférence. Il patronait les enfants des écoles. Il surveillait les apprentis à la maison de Patronage de la rue du Regard, où il passait sa journée du dimanche, qu'il terminait à Notre-Dame-des-Victoires par les exercices de l'Archiconfrérie. C'est dans cette maison de la rue du Regard, qu'il fit la connaissance des membres de la petite communauté des Frères de Saint-Vincent de Paul, à laquelle, une fois prêtre, il devait s'agréger, acceptant humblement et de toute son âme la direction alors laïque de cette société naissante. A l'école d'un zélé vicaire de la paroisse Saint-Lambert de Vaugirard, M. l'abbé Parguel, aujourd'hui curé de Notre-Dame-de-la-Gare, M. Planchat apprit le véritable esprit et la juste portée des œuvres auxquelles il se dévouait. Il comprit dès lors que leur but principal est de dissiper, dans les familles ouvrières, les préjugés et l'ignorance qui les éloignent du prêtre et de la religion. On peut dire que de cette époque, a commencé son apostolat.

II

VOCATION

Les trois dernières années que M. Planchat a passées au collége de Vaugirard furent consacrées tout entières à l'étude du droit et à sa préparation au séminaire. Il serait difficile de préciser le moment où la pensée du sacerdoce entra dans son âme. Nul doute que son père si chrétien et son héroïque mère, ne l'aient offert au Seigneur dès sa naissance. L'estime générale dont le nom de son père était entouré, eût facilité son entrée dans la magistrature ou le barreau ; mais à peine reçu avocat, il renonce à tout avenir humain et entre au séminaire. L'étude et les bonnes œuvres ne l'avaient pas distrait de son application aux vertus chrétiennes. On en possède l'édifiant témoignage dans les cahiers datés de ces mêmes années (1844-1847) où il écrivait ses résolutions après ses confessions de chaque semaine. Les limites de cette notice n'en permettent que de courts extraits. Ils respirent la plus ardente piété, une rare intelligence des secrets de la vie intérieure chez un si jeune homme, et le sentiment profond de sa vocation pour le service des pauvres.

Semaine du 31 août au 7 septembre 1844.

« *Pénitence :* une fois les litanies du saint nom de Jésus.

« *Résolution particulière.* — Me proposer, dans ma conduite avec les enfants, de faire ce qu'aurait fait Jésus-Christ.

« *Conseils.* — Je dois me proposer d'imiter la vie de Jésus-Christ. Ce divin sauveur ne s'est pas contenté de nous annoncer sa loi sainte : il a voulu vivre au milieu des hommes, parce qu'il savait bien que les exemples sont plus puissants sur notre esprit et sur notre cœur que les paroles. Les vertus qu'il a pratiquées, je dois me proposer de les acquérir et d'y faire chaque jour des progrès. Quelle humilité profonde dans Notre-Seigneur ! quelle charité infinie, quelle douceur et quelle fermeté tout ensemble ! C'est surtout l'union si parfaite en lui de ces deux vertus, que je dois m'efforcer de reproduire en moi. Il passe toute sa vie avec des ignorants, avec des pêcheurs. Quelle patience pour supporter leur grossièreté, leurs défauts : quelle douceur tout en les reprenant, tout en les corrigeant. Je continue, quoique pour une bien petite part, le ministère de Jésus-Christ. Je dois non-seulement travailler à ma propre sanctification ; mais encore procurer par tous les moyens possibles celle des enfants que je surveille. Pour leur être utile, il faut que je n'agisse jamais par passion, jamais par un mouvement naturel ; que je me demande toujours avant d'agir comment Jésus-Christ aurait agi en cette circonstance. Il faut, en un mot, que Jésus-Christ me domine entièrement. Il se présentera des occasions où je ne saurai trop ce que je devrai faire : qu'alors j'élève mon cœur vers Dieu, le Seigneur ne me manquera pas, surtout si je suis entièrement dépouillé de l'amour-propre. Je dois prier beaucoup, recommander au bon **Dieu de** tout mon cœur les petites fonctions dont je suis chargé. J'obtiendrai plus de résultats par la prière que par toutes les combinaisons que je pourrais faire à l'avance.

« *Résolutions*. — 1° Me recueillir profondément au commencement de mes visites au Saint-Sacrement et des lectures spirituelles ; 2° faire toujours précéder la présidence (ou surveillance) de la prière ; un ordre, de la réflexion et d'une petite aspiration ; 3° garder les règles de tempérance que je me suis prescrite. Un *memorare* particulier avant de m'endormir. »

Parmi ces pensées où l'âme de l'abbé Planchat se répand, et où l'on peut y lire comme à livre ouvert ses plus intimes secrets, il y a des traits vraiment extraordinaires qui révèlent l'élévation de ses sentiments sur l'état auquel il aspirait, et comme le pressentiment d'une éclatante immolation.

Semaine du 8 au 15 mai 1846.

« ..... Je penserai pendant cette semaine à la nécessité d'acheter le bonheur du ciel par les épreuves de la vie. Pour empêcher que ses disciples ne fussent trop scandalisés des ignominies de sa passion, le Seigneur leur montra sa gloire sur le Thabor, mais en descendant de cette sainte montagne, il leur recommanda de ne point parler de ce qu'ils avaient vu, avant que le Fils de l'Homme fût ressuscité d'entre les morts. A nous aussi, Dieu pour nous encourager donne un avant-goût des douceurs du ciel. Mais n'oublions pas que pour les goûter il faut être ressuscité, par conséquent, être mort et avoir vécu la vie de Jésus-Christ, qui nous prépare à une mort bienheureuse......

Semaine du 28 mars au 4 avril 1846.

..... Ah ! peut-on jeter un regard sur Jésus en croix, sans se sentir excité à payer tant de charité par quelque retour..... Oh ! si un jour Dieu nous honore du sacerdoce, que nous serons heureux d'avoir dès longtemps puisé dans ses sacrées plaies la haine de nous-même, *l'esprit d'immolation pour le salut des autres : « bonus pastor animam suam ponit pro ovibus suis »* ....

Semaine du 18 au 28 novembre 1846.

...... J'ai laissé languir dans le jardin de mon âme cet arbre de la charité que le Seigneur y avait planté ; et cependant il en attend du fruit, non-seulement pour moi-même, mais encore pour les autres : il veut qu'il ombrage mon âme, mais encore que les oiseaux du ciel se puissent reposer sur ses branches, s'abriter dans son feuillage. *Quels sont les desseins de Dieu sur moi ?* Quand commencerai-je sérieusement à y correspondre ? Courage donc ! courage et ferveur ! Le jardinier arrose tous les jours la plante qui doit ne lui procurer qu'une pièce de monnaie. Et nous, nous pouvons devenir une moisson digne d'être serrée dans les greniers du Père céleste !....

Semaine du 5 au 12 décembre 1846.

.... Imitons encore la générosité, le dévouement du divin enfant, car Notre-Seigneur commence déjà à nous donner les leçons des plus héroïques vertus. La crèche n'est pas loin du Calvaire. Il n'y a de différence que dans la proportion ; il n'y en a point dans la vertu, dans la volonté de souffrir. *Dieu demandera peut-être un iour de nous de grands sacrifices* ; commençons par lui faire celui de notre amour-propre, de nos caprices, de nos attaches......, etc.

En octobre 1847, M. Planchat entre au séminaire d'Issy. Sa vocation va grandir et s'épurer encore à cette grande école sacerdotale de Saint-Sulpice. La pensée du salut des âmes, de l'apostolat des petits et des pauvres, le désir de se sacrifier à leur service, demeurent au fond du cœur du lévite et s'accusent davantage, à mesure qu'il gravit les degrés qui le feront bientôt monter au saint autel. Soldat du Christ, il attend, dans la retraite et la prière, l'heure si ardemment désirée du combat. Il brûle de se jeter dans la mêlée pour arracher les âmes au démon. Et en même temps, rempli des joies sacrées de l'union divine, il se pénètre de plus en plus de l'esprit de Jésus-Christ, le Prêtre éternel, la divine Victime. Entrons dans les mystérieuses préparations de cette âme comblée de grâces, manifestement appelée de Dieu. Les pages qui vont suivre, empruntées aux notes des retraites de ses ordinations, initient aux merveilles du Sacré Cœur de Jésus et au chef-d'œuvre de sa grâce : la formation du cœur de ses prêtres !

ORDRES MINEURS. — 17 à 24 décembre 1848.

(Saint-Sulpice.)

« .....On voit des hommes se dévouer sincèrement, généreusement, jusqu'au sacrifice de leur fortune et même de leur vie, pour procurer ce qu'ils appellent le bien social, par la philanthropie ou par le triomphe d'opinions et de systèmes auxquels ils ont foi ; et le prêtre n'aurait pas un zèle égal pour procurer aux âmes un bonheur infiniment plus grand, un bonheur réel et certain !

« Au milieu de ces temps d'effervescence et de révolution, la pensée de l'ardeur que mettent ces hommes à poursuivre leurs projets, les uns, évidemment coupables, les autres, d'une utilité apparente, et réelle tout au plus dans l'imagination qui les a conçus et dans l'illusion qui les estime et les chérit, doit m'exciter au zèle des âmes !.....

« .....La dette du prêtre est immense : elle est grave et privilégiée, sans comparaison possible avec toute autre dette ; tous les saints prêtres, depuis saint Paul jusqu'à saint Liguori, l'ont compris, et tous en ont conclu que ni leur temps, ni leurs forces, ni leurs facultés ne leur appartenaient, qu'en dérober à Dieu et au prochain la moindre partie, ce serait un larcin sacrilége.

« Je prends la ferme résolution d'employer désormais, jusqu'au dernier soupir, chacun de mes instants pour la plus grande gloire de Dieu. Cela m'est facile au séminaire en observant ma règle ; mais au séminaire même et surtout dans le ministère quel qu'il soit, que la divine Providence me réserve, j'ai un grand obstacle à surmonter pour accomplir cette résolution, et un moyen unique pour surmonter cet obstacle. L'obstacle, c'est l'agitation, l'empressement naturel. Le moyen, le remède, c'est la paisible union à notre bon Sauveur et à sa sainte Mère. Quel puissant encouragement pour être fidèle en tout avec une joyeuse et calme promptitude ! Cette habitude, prise au séminaire, me conservera dans l'ordre et dans la paix, au milieu de la vie agitée du ministère..... »

SOUS-DIACONAT. — 2 juin 1849.

« .....Je fais une ferme résolution de ne reculer devant aucun sacrifice d'amour-propre personnel ou d'affection de famille, pour mettre à profit et rechercher même les occasions de constituer la vie vraiment commune entre prêtres, dans l'exercice du saint ministère, et pour me prêter, sincèrement et de tout cœur, aux vues de mes supérieurs qui s'efforceraient d'établir dans le clergé dont je ferais partie, cette charité fraternelle, cette unité d'action, si nécessaires aujourd'hui pour résister aux ligues des méchants et pour procurer aux bonnes œuvres laïques le concours des prêtres, en ménageant les heures et les forces de chacun. »

« ... Si l'esprit de Foi nous quitte dans nos rapports avec les fidèles, nous nous éloignerons des pauvres et nous nous rapprocherons des riches, tandis que nous devrions faire tout le contraire; nous croirons avoir satisfait à notre devoir envers les premiers, lorsque nous les aurons reçus, et il faudrait les rechercher, les servir comme nous rechercherions, comme nous servirions Notre-Seigneur qui se cache en leur personne.

« Il y a bien longtemps déjà que la grâce me sollicite au service des pauvres, au respect des pauvres, par esprit de Foi. Je prends la ferme résolution de ne perdre jamais une seule occasion de suivre cette impulsion et de m'établir dans l'habitude, chaque fois que je parlerai à une personne humble ou pauvre, de considérer en elle Notre-Seigneur ou la Sainte Vierge. Je prends aussi la résolution qui nous a été suggérée, de lire souvent la vie des bons prêtres, surtout celle de saint Vincent de Paul pour laquelle j'ai toujours eu un attrait particulier... »

DIACONAT. — 23 décembre 1849.

« ..... Il faut encore qu'ils (les diacres) soient, comme saint Laurent, remplis d'une grande charité envers les pauvres et d'un grand zèle pour les secourir extérieurement dans leurs nécessités. Une des plus grandes obligations du diacre est de servir les membres de N.-S. dans leurs besoins et leurs nécessités, avec une foi magnifique, n'ayant rien qu'il ne sacrifie avec plaisir et dont il ne se prive pour son amour. Il faut dans cet esprit, qu'il se dérobe à lui-même tout ce qu'il peut pour l'employer au service de son divin maître, lui donnant, non-seulement ses biens extérieurs, mais encore sa propre substance, en sorte qu'il n'ait point de joie plus grande que de mourir pour sa gloire et de se donner lui-même en nourriture, s'il le pouvait. »

« ..... Je me suis peut-être imaginé que je possédais la charité, parce que j'étais enclin à l'agitation extérieure pour les bonnes œuvres. Ce n'est point là la charité véritable. La vraie charité est intime à l'âme ; elle l'enveloppe, elle la pénètre. L'activité naturelle est le venin de la charité. J'ai donc un extrême besoin que Dieu mette et fasse croître en moi la charité véritable. Que son feu vive au fond de mon âme, et les opérations extérieures seront uniformes, constantes, aisées, douces et puissantes ; elles seront parfaites en un mot. Parfaites pour l'instrument qu'emploie le Dieu de charité : la dissipation n'en résultera point ; parfaites pour le prochain : elles produiront sur lui tout l'effet que se propose la miséricorde divine. L'activité naturelle, au contraire, renverse le dessein de Dieu. Je le sais par mon observation propre, et par celle des amis qui me chérissent assez pour me dire mes vérités. Et comme la pauvre nature est si misérable, que son venin s'est bientôt glissé dans les œuvres commencées sous l'influence de l'Esprit-Saint, je prends pour toute ma vie, la ferme résolution de bien veiller sur moi-même, dans le soin du prochain, afin d'arrêter l'activité naturelle sitôt que je la sentirai en jeu. Je me propose également d'être très-fidèle aux petites mortifications préventives de cette activité. »

PRÊTRISE. — 22 décembre 1850.

« ... — Votre vocation me semble pure et sûre, me disait le bon curé de la Gare, dans ma dernière confession ; mais on peut ne pas correspondre à sa vocation. — C'est, en d'autres termes, ce que vient de me redire mon directeur, pour ma vocation à la petite communauté de Saint-Vincent de Paul. — Reste à savoir si au désir que j'éprouve de m'y voir réuni ne se mêle point quelque affection naturelle, soit aux personnes, soit aux emplois, tandis que j'y devrais rechercher uniquement les mépris, les souffrances et la pauvreté.

« Je prends la résolution de renoncer souvent et du fond du cœur, entre les mains de la Très-Sainte-Vierge, à cette affection naturelle ; d'envisager souvent les mépris, les souffrances, la pauvreté, comme les grâces que Dieu m'y prépare... »

Ces pages admirables dévoilent avec simplicité les trésors de grâce dont le Seigneur combla cette âme loyale. Tel il nous apparaît dans ses impressions et ses résolutions écrites, si heureux de se consumer pour la gloire de son maître et le salut des âmes, tel il sera toute sa vie, jusqu'au dernier soupir. L'apôtre qui bientôt gravira sans faiblesse la *via crucis* du 26 mai, n'est pas autre chose que le séminariste fidèle aux vœux de son sacerdoce, couronnant par l'holocauste du sang une immolation de vingt années. Son apostolat fut donc son séminaire continué. Le vénérable M. Caduc, son directeur au séminaire Saint-Sulpice, en donne un témoignage, qui résume et confirme entièrement les traits que nous avons cités.

« Il portait sur sa physionomie, écrit le saint directeur, un air de calme, de sérénité, de candeur, qui ne se démentait jamais et qui m'a toujours inspiré un sentiment de respect. Doué d'une intelligence dont la portée était au-dessus de l'ordinaire, je ne l'ai jamais vu se livrer à l'étude, ou à quelque lecture que ce soit, par un mouvement qui m'ait paru naturel. Dès le commencement de son séjour au séminaire, son inclination à se livrer aux œuvres de zèle était si prononcée, que quelques-uns de mes confrères lui en faisaient comme une sorte de reproche, parce qu'ils n'étaient point à portée, comme moi, de savoir à quel degré cette âme voyait toutes choses en Dieu et pour Dieu. Tout le monde sait que ce zèle a été, s'il était permis de parler ainsi, la passion dominante de toute sa vie. Afin de poursuivre ce but, il a foulé aux pieds, d'une manière qui m'a toujours paru héroïque, tous les avantages que sa position, s'il eût voulu, eût pu lui offrir : avantage de la naissance, avantage de la fortune, avantage des talents dont la Providence l'avait doué. Mais ce qui m'a le plus profondément touché, c'est sa constance héroïque à mes yeux à se faire mendiant, et à demeurer mendiant toute sa vie pour les pauvres les plus abandonnés, ayant toujours en vue incomparablement plus le salut de leurs âmes que le soulagement de leur détresse matérielle.

« ..... Un des sentiments les plus pénibles pour mon cœur, *humanum dico*, est de songer que, dans le nombre de ceux qui ont contribué à sa mort, il y en a vraisemblablement quelques-uns, et peut-être plusieurs, en faveur de qui il s'immolait lui-même par anticipation. C'est sans aucune comparaison celui dont la mort m'a été le plus sensible, celui que j'invoque avec le plus de confiance ; et j'ai déjà été dans le cas de conseiller à quelqu'un de faire usage lui-même de cette plénitude de confiance... Le peu que j'ai dit exprime bien mal les sentiments de vénération dont je me sens pénétré, dans le fond le plus intime de mon âme, pour ce saint prêtre qui m'a été si cher..... »

La préparation de l'abbé Planchat au sacerdoce fut donc des plus saintes et le digne prélude de sa vie apostolique. Le 22 décembre 1850, il recevait l'ordination sacerdotale. Le lendemain, il disait sa première messe ; et, le surlendemain, au comble de ses vœux, il entrait dans la petite communauté des frères de Saint-Vincent-de-Paul, pour y vivre et y mourir au service des pauvres et des ouvriers. Les bonnes œuvres qu'il avait pratiquées autrefois, comme membre de la Société de Saint-Vincent de Paul, en lui faisant voir de près les misères et l'abandon des classes ouvrières, jetèrent en lui les premiers germes de sa vocation spéciale. Le séminaire les développa. C'est là surtout que sa piété s'éleva jusqu'à l'abnégation, et sa charité, jusqu'à l'héroïsme. Chaque degré dans les saints ordres embrasait son âme de plus en plus de la flamme apostolique. On sent qu'elle le pousse jusqu'à l'immolation entière, jusqu'au martyre. Le caractère sacerdotal y imprime le dernier sceau. Le secret de cette vie et de cette mort est dans la grâce du sacerdoce. Les pauvres misérables, fous et aveugles, qui furent ses bourreaux, ne l'ont assassiné, sans doute, que parce qu'il était prêtre. Il n'avait pas d'autre titre à être leur otage et leur victime. Si l'abbé Planchat a renoncé aux avantages que le monde lui offrait pour se faire prêtre, ce fut par amour des pauvres gens du peuple, et c'est surtout parce qu'il fut prêtre qu'il leur a fait tant de bien et qu'il les a tant aimés.

III

L'APOTRE DU PEUPLE

La communauté où entrait l'abbé Planchat, avec l'autorisation de son directeur et de ses supérieurs ecclésiastiques, ne comptait alors que quatre membres. Il était le premier prêtre qu'elle recevait dans son sein ; mais, en réalité, il était l'un de ses premiers fondateurs. Au séminaire, il n'avait renoncé ni à son attachement au Patronage, ni à cette sainte confraternité que l'exercice des œuvres rend si étroite entre les membres de Saint-Vincent de Paul. Ce sentiment et cet attrait devinrent même pour lui un scrupule. Il craignait de trop aimer ses frères et leurs travaux, comme cette bonne fille de la Charité qui ravit un jour Saint-Vincent de Paul, en se confessant d'avoir trop aimé les pauvres.

La Providence avait procuré à la petite communauté un asile, plus propre à sa formation que la Maison d'œuvres, pleine de mouvement et d'activité, de la rue du Regard. Une habitation assez vaste avait été concédée gratuitement aux Frères de Saint-Vincent de Paul à Grenelle, alors banlieue de Paris. Ils s'y étaient installés dans le mois de mai 1847. Après les labeurs charitables de la journée, ils venaient se réfugier dans cette petite retraite, heureux de se retrouver ensemble, de se retrouver eux-mêmes et de se recueillir devant Dieu. Bientôt Notre Seigneur daigna venir résider au milieu d'eux, dans le tabernacle de leur humble oratoire, le 15 octobre 1849, fête de Sainte Thérèse. L'abbé Planchat trouva ample matière à son zèle. Touchée des misères du pays qui lui avait donné asile, la petite communauté réfugiée à Grenelle pour y goûter quelque repos spirituel, ne put résister à la tentation d'y implanter ses œuvres. Une Conférence de Saint-Vincent de Paul, une bibliothèque populaire, un patronage d'apprentis et d'écoliers, un catéchisme pour les adultes n'ayant pas fait leur première communion, et enfin, un fourneau économique furent successivement établis. La population ouvrière, attirée dans la plaine de Grenelle par ses grandes usines et le bon marché relatif de ses loyers, offrait un vaste champ au zèle de l'abbé Planchat. Entraînés par la fièvre d'émigration des campagnes sur les villes, ces braves gens avaient eu, pour la plupart, dans leurs villages des habitudes chrétiennes. Le travail du dimanche, l'entraînement des ateliers, les exemples de leurs voisins les avaient peu à peu détournés de l'accomplissement de leurs devoirs religieux, sans qu'il y eût de leur part aucun parti pris d'irréligion. Tel était du moins, en général, l'état moral des ouvriers de la banlieue de Paris, il y a vingt ans. Il n'est que trop certain que, grâce à de funestes influences, leurs dispositions ont bien changé depuis. Toujours est-il qu'à cette époque, l'abbé Planchat obtint de grands fruits parmi eux. Ils ne pouvaient, prétendaient-ils, aller trouver leur curé à l'église. L'abbé Planchat entreprit d'aller les chercher dans leurs demeures. Il parcourut les plaines du bord de l'eau, à peine habitées, les refuges les plus ignorés et jusqu'aux bouges de la rue Croix-Nivert. Pauvrement vêtu comme ces braves gens, souriant, familier, affable, écoutant leurs plaintes, afin de faire mieux entendre ses avis, s'offrant à les assister par des secours et des démarches de tout genre, il fut accueilli de tous comme le pasteur de l'ouvrier. Parfois reçu froidement dans une visite un peu hasardée, il ne se rebutait pas ; les médailles, les images, les petits livres, dont il était toujours chargé, distribués aux petits enfants, finissaient par lui ouvrir toutes les portes. Presque toutes ses visites obtenaient de notables résultats, et souvent d'admirables fruits. Une conversion en décidait une autre. Un seul mariage civil, qu'il s'offrait de faire bénir, lui en amenait tout de suite une demi-douzaine. Aussi avait-il constamment plus de cent mariages en instance à la société de Saint-Régis. La première communion tardive d'un jeune ouvrier de fabrique lui procurait l'occasion de faire faire leurs Pâques à tous ses parents, ou de confesser un aïeul en retard de quarante à cinquante ans. Ainsi les diverses œuvres, commencées par les Frères de Saint-Vincent de Paul, fécondées par le zèle du jeune prêtre qui était venu prendre rang parmi eux, s'étaient rapidement développées et avaient produit des fruits inespérés. L'alliance de ces deux forces, l'initiative laïque et la grâce du ministère ecclésiastique, leur parut dès lors indispensable et voulue de Dieu, pour l'apostolat sérieux des classes ouvrières. Toutes ces œuvres prospéraient donc de plus en plus, lorsque le bon maître, afin sans doute d'éprouver la foi de ses serviteurs, se résolut de leur retirer pour un temps le secours qu'il leur avait donné, comme pour leur en faire mieux apprécier tout le prix. L'abbé Planchat tomba malade. Les fatigues excessives auxquelles son zèle l'avait entraîné, jointes à l'épuisement où l'avait mis la vie sédentaire du séminaire, l'obligèrent à interrompre tous ses travaux et à aller chercher en Italie force et repos. Ce fut un sacrifice bien douloureux pour lui, pour sa communauté et pour son petit troupeau à peine réuni. Grâce à l'intercession du bienheureux père Claver, apôtre des nègres, pour lequel il professait une grande dévotion, son exil ne dura guère qu'une année. Au mois d'avril 1853 il revenait à Grenelle, entièrement remis ; il reprenait son ministère et lui donnait un nouvel élan par l'établissement de la Sainte Famille. M. le curé le chargea bientôt d'un patronage de jeunes ouvrières, déjà fort important, qui, grâce à ses soins, prit un développement considérable. Son action s'étendait à la fois sur les familles et sur la jeunesse ouvrière des deux sexes, embrassant, pour ainsi dire, toute cette population.

Toutes ces œuvres dont il était l'âme se complétaient l'une par l'autre et se prêtaient un mutuel concours. « Sa position de directeur de la Sainte Famille, écrivait récemment la pieuse fondatrice de l'œuvre des jeunes ouvrières, le mettant en rapport avec les parents des enfants, le patronage augmentait son influence sur les familles. Tous les dimanches il venait faire l'instruction, qu'il savait si bien rendre intéressante et mettre à la portée de toutes ces jeunes ouvrières et apprenties. La leçon était toujours pratique et sous une forme si aimable, que chacune aimait à recevoir de tels avis et à en profiter. Outre ces instructions générales il présidait habituellement les réunions du Bon Conseil, association de jeunes ouvrières, fondée par Mgr de la Bouillerie dans l'œuvre générale des patronages, sur le modèle des petites conférences de Saint-Vincent de Paul. Comme il savait bien exciter le zèle de ces jeunes filles, leur enseigner à faire le bien en se sanctifiant elles mêmes ! Assister de pauvres familles ou de bonnes femmes âgées et infirmes, visiter leurs compagnes malades ou absentes, seconder la directrice dans les réunions du dimanche, en se chargeant de toutes les fonctions confiées à leur zèle, telles étaient les bonnes œuvres des jeunes ouvrières. M. l'abbé Planchat sut donner une bienheureuse direction à cette association, qui a toujours été le soutien du Patronage ; il sut y répandre cet esprit de Saint-Vincent de Paul qu'il possédait à un si haut degré, et qui avait présidé à la fondation de l'œuvre. »

L'apostolat de l'abbé Planchat à Grenelle a duré environ huit ans. Comment le raconter? En quoi consiste aujourd'hui la vie du missionnaire en pays chrétien ? Habituellement, en prédications suivies, données durant un temps assez court dans une localité sans y prolonger son séjour. Ce mode d'apostolat, dans les contrées où la foi vit encore, suffit pour faire accourir les populations. Dans les villes où elle a disparu presque entièrement, le prêtre missionnaire ne parvient guère à attirer, malgré son zèle et son talent, qu'un auditoire restreint et converti à l'avance. La population ouvrière et incroyante ne s'ébranle plus à la voix des Pasteurs. Le peuple ne sait plus le chemin de nos temples, et presque toutes les industries échouent à l'y attirer. L'abbé Planchat se livra peu au ministère de la chaire, quoiqu'il possédât la science et le talent nécessaires pour y réussir. Il fut apôtre, et ne prêcha jamais dans les églises, où il savait trop bien que les ouvriers ne viendraient pas l'entendre. Il ne parla guère que dans les chapelles d'œuvres, où ses discours familiers ne furent que du catéchisme. Ses *avents*, ses *carêmes*, il les prêchait en allant de porte en porte, chercher les pécheurs chez eux. Il fut apôtre à domicile; sa clientèle n'était pas celle de la paroisse. Il était voué uniquement à ceux qui ont cessé d'y paraître, et ne travaillait qu'à les y ramener. Comment raconter les travaux d'une vie pareille ? Une course à travers les masures de l'avenue Saint-Charles lui produisait plus de conversions qu'une station de six semaines dans certaines paroisses de nos grandes villes. Chacune de ses conversions était, il est vrai, une sorte de roman. Des volumes ne suffiraient pas à relater les plus remarquables; beaucoup ne sont connues que de Dieu seul. La plupart n'ont pas été recueillies. En voici quelques-unes échappées à l'oubli. Elles ne sont pas les plus frappantes; mais elles suffisent pour donner une idée assez exacte du ministère particulier de l'abbé Planchat, et des fruits qu'il en recueillait !

Il y a quelque dix-neuf ans, dans un village du diocèse de Séez, deux fiancés, par suite d'une discussion avec leur curé, se marient à la mairie sans passer après à l'église. Dans cette position, ils ne peuvent rester au pays. Arrivée à Paris, la pauvre femme, que le remords tourmentait, essaya de fléchir l'opiniâtre rancune de son mari contre les prêtres. Le mari parut céder; mais il fallait se rendre auprès du vicaire d'Auteuil, qui avait parfaitement accueilli la femme. L'indomptable charretier se dédit. Emigrée de Grenelle, la pauvre blanchisseuse travaillait dans le même atelier que deux jeunes filles du Patronage des jeunes ouvrières, dont l'abbé Planchat était aumônier. La bonne tenue de ces enfants, leur courage modeste au milieu des railleries et des paroles licencieuses, attirèrent l'attention de la pauvre rebutée et gagnèrent sa confiance. Un jour, à l'heure du repas, elle prit à part l'aînée des jeunes filles :

« — Si je pouvais voir mademoiselle P., il y a bien longtemps que je désire lui parler. On la dit bien bonne, la directrice du Patronage; cela ne la gênera pas trop que j'aille la voir ?

La jeune ouvrière ménagea l'entrevue.

— Mademoiselle, dit à la directrice, la pauvre femme tout embarrassée, si j'osais je vous demanderais une chose. Je voudrais recevoir le Saint-Scapulaire, mais sans me confesser : cela se peut-il ?

— Je consulterai là-dessus; mais d'où vous est venue cette bonne pensée ?

— Il y a deux ans, étant malade et bien triste, j'en ai eu l'idée, mais elle partit avec le mal. Aujourd'hui je souffre d'un pied ; j'ai essayé tous les remèdes ; aucun ne m'a réussi. J'ai dû interrompre mon travail à plusieurs reprises. Je serai bientôt tout à fait impotente ; quelque chose me dit que pour me guérir, il me faut le Saint-Scapulaire... »

Mademoiselle P. consulta. M. le curé de Grenelle voulut bien donner lui-même le Saint-Scapulaire à la pauvre blanchisseuse, quoiqu'elle ne se fût pas encore confessée. Quelques jours après, le mal avait complétement disparu. La reconnaissonce amenait au confessionnal, l'après midi du jour de Pâques, la brave blanchisseuse guérie. Avant la confession, l'abbé Planchat lui demanda si elle était mariée.

— A la mairie, oui ; à l'église, non. Si vous pouviez décider mon mari !

— J'irai le trouver ce soir chez vous ; le jour de Pâques les charrettes se reposent sans doute.

Le soir arrivé, le mari se fit attendre. Le temps fut mis à profit ; on récita un chapelet tout entier pour sa conversion, devant la madone proprement et soigneusement habillée, qui gardait la modeste chambre. Le charretier arrive. Sollicité vivement, il hésite ; enfin il assigne un délai qui lui est nécessaire, dit-il, pour amasser l'argent d'une robe et d'une belle bague. Le bon Dieu raccourcit ce délai. A dix jours de là, vers sept heures du matin, le charretier ramenait un cheval de la rivière. L'animal recule tout à coup contre une pièce de bois et fait la culbute. Le cavalier devait être écrasé. Une jambe seule reste engagée. Une forte contusion s'en suit ; nécessité, par conséquent, de rester au lit. L'abbé Planchat en profite ; il va le trouver. Le charretier ne sait plus ses prières qu'à moitié ; il les lui apprend. Il lui fait lire l'*Abrégé de ce que tout chrétien doit croire et pratiquer*. Dix jours après, il assistait à la messe de l'abbé Planchat, et allait recevoir, à l'église paroissiale, la bénédiction nuptiale avec sa femme. Le dimanche suivant, la blanchisseuse communiait à la paroisse, en compagnie de la jeune ouvrière. Elle est maintenant l'apôtre de l'atelier.

Par une nuit extrêmement rigoureuse d'hiver, et par un temps affreux de glace et de neige, l'abbé Planchat part pour administrer sur les bords de l'eau, à l'extrémité de la plaine d'Issy, une pauvre batelière qui se mourait. Il était plus de minuit et il n'était pas rentré. La neige tombait en abondance. Il arrive enfin trempé de boue, transi de froid; mais ramenant avec lui un soldat égaré, et un malheureux ouvrier sans gîte, qui, sans la charité de l'abbé Planchat, auraient péri de froid, à coup sûr. Il les réchauffe, leur sert à manger et leur procure un abri.

Un jour, en passant devant un atelier de blanchisseuses, son air pauvre, sa soutane usée, rapiécée, sa tournure singulière, excitent les rires et les moqueries de ces ouvrières. Sans se déconcerter, l'abbé Planchat entre aussitôt dans l'atelier, leur distribue à toutes, médailles, chapelets, images dont il avait toujours une ample provision. Il leur adresse de bonnes paroles toutes chrétiennes, tout amicales, et les laisse stupéfaites de sa douceur et de sa charité. La maîtresse de l'atelier sort aussitôt, court après lui, et comme pour réparer la malhonnêteté de ces femmes :

— Monsieur l'abbé, dit-elle, les larmes aux yeux, voilà cinq francs que nous vous prions d'accepter pour une messe à notre intention !

Le zèle de notre apôtre ne fut jamais exclusif. Toutes les œuvres lui étaient aussi chères que les siennes, et il s'y donnait de toute son âme, quand on l'invitait à y concourir. On le pria de venir prêcher une retraite de première communion d'enfants retardataires, à la maison de patronage Saint-Charles, entre le faubourg Poissonnière et le faubourg Saint-Denis. Il accepte et se charge en même temps de l'habillement et de la nourriture de ces cinquante enfants. En ce moment le choléra sévissait à Montmartre. Dans les intervalles des exercices de la retraite et après la journée, l'abbé Planchat parcourait la paroisse, avec plein pouvoir de M. le curé, visitant et administrant les pauvres cholériques une partie de la nuit. Il va voir un petit apprenti atteint de la terrible maladie, en même temps que son père et sa sœur. Il les confesse tous ; mais le père adonné à l'ivrognerie succombe ; l'enfant le suit le lendemain. La petite fille seule est sauvée. L'abbé Planchat la conduit chez les Sœurs qui la recueillent. Il va voir un autre enfant malade de la poitrine. Il le confesse, l'administre et l'enfant guérit. La mère, toute joyeuse, se confesse et se convertit. Un autre apprenti de Saint-Charles a son père et sa mère qui vivent dans le désordre. Ils ne sont pas mariés. Le choléra les frappe. Ils vont mourir. L'abbé Planchat accourt, les reconcilie et les marie au lit de mort. En rentrant au Patronage, il trouve à son confessional, à deux heures du matin, des ouvriers qui l'attendent. Il faut qu'il y reste jusqu'au jour, et il reprend immédiatement sa tâche, auprès des cholériques et des communiants, sans avoir pris un instant de repos.

A une autre époque, dans cette même maison Saint-Charles, l'abbé Planchat convertit une zélée protestante mariée civilement à un catholique, qui n'avait pas fait sa première communion. Ils étaient déjà âgés. Après trois mois de préparation, il présidait, dans la petite chapelle de l'œuvre, à l'abjuration de la protestante, à son baptême sous condition, ainsi qu'à la première communion, au mariage et à la confirmation de ces pauvres gens. En moins d'une semaine, il leur avait fait recevoir tous les sacrements de l'Église, hormis l'Ordre et l'Extrême-Onction.

En 1861, les supérieurs de l'abbé Planchat l'envoient à Arras pour seconder un charitable prêtre, M. l'abbé Halluin, fondateur d'un grand orphelinat de jeunes ouvriers et d'apprentis, travaillant en ville dans les ateliers, et rentrant chaque soir à la maison de famille. Il y reste jusqu'en 1863. M. l'abbé Halluin a résumé ainsi le ministère de l'abbé Planchat pendant ces deux années :

« Il réunissait ce qui doit faire aujourd'hui plus que jamais le prêtre utile au peuple, l'apôtre dans toute la force du terme, dont les pieds ne tiennent pas à la terre, ni les mains à l'argent, ni la tête aux épaules..... »

En 1863, l'abbé Planchat fut rappelé à Paris et chargé par ses supérieurs des fonctions d'aumônier à la maison de patronage d'apprentis et de jeunes ouvriers de Sainte-Anne, qui venait d'être fondée. Ce fut le dernier théâtre de son zèle.

Cet établissement est situé à Charonne, à l'extrême limite du faubourg Saint-Antoine, non loin des anciens boulevards d'enceinte de Paris. La rue des Bois, où il est bâti, est ouverte depuis peu, au milieu de jardins maraîchers. L'air y est pur, le ciel ouvert. C'est la campagne dans un des quartiers les plus bruyants et les plus populeux de Paris.

A gauche de la façade s'élève la chapelle, au portail roman, au toit de tuiles rouges ; à droite est construit le bâtiment contenant les salles destinées aux jeux et aux réunions des apprentis et des jeunes ouvriers. Entre ces deux constructions s'étend un vaste terrain de quatre mille mètres de superficie, ombragé de superbes pruniers, avec un grand gymnase très-complet.

A peine installé à Sainte-Anne, l'abbé Planchat entreprend toutes les œuvres dont il s'est occupé ; mais la visite des familles est encore son œuvre première. C'est elle qui lui révèle le grand nombre d'enfants ou d'adultes de ces quartiers, n'ayant pas fait leur première communion. C'est par elle qu'il découvre, dans un dédale de ruelles inconnues, toute une colonie italienne, entièrement privée de secours religieux, et malgré certaines industries dangereuses ou suspectes, gardant les bonnes mœurs et la foi du pays. Il crée sa grande œuvre des premières communions qui, deux fois par an, amène à la chapelle Sainte-Anne des centaines de communiants, enfants et adultes, sans parler d'incalculables retours obtenus dans leurs familles. Il organise, aussi pour sa colonie italienne, tout un service religieux. Il continue en même temps de demeurer à l'autre extrémité de Paris, à l'orphelinat de Vaugirard, maison-mère des frères de Saint-Vincent de Paul. On comprend quel surcroît de fatigues était, pour le pauvre missionnaire, cet éloignement considérable du foyer de ses travaux. Il l'a supporté pendant huit années. Dans de telles conditions, il conserva la régularité religieuse et édifiait sa communauté par sa fidélité à s'excuser de ses retards, et par sa prévoyance attentive à se munir de permissions auprès de ses supérieurs. Rien ne coûtait davantage à cette nature si prompte, si pleine d'initiative, à ce zèle de feu. Il parvenait pourtant à subordonner à l'approbation de ses supérieurs ses démarches infinies, et leur méritait ainsi les grâces promises à l'obéissance par l'Esprit Saint, *vir obediens loquetur victorias.*

Le désir de sauver les âmes à tout prix, lui rendait faciles les sacrifices les plus pénibles. La perte des âmes fut le martyre de sa vie. Les fatigues excessives que sa situation lui imposait, ne lui étaient rien en comparaison des entraves qu'elle mettait à son zèle. On retrouve l'expression touchante de cette douleur dans les notes de ses dernières retraites.

« .... J'appartiens tout à Dieu. Donc il peut faire de moi tout ce qu'il veut; donc, en l'état pénible de la division de ma vie, entre Charonne et Vaugirard, une profonde compassion, une prière habituelle pour les immenses besoins, qu'il me paraîtrait facile de mieux atteindre, un exposé périodique aux supérieurs d'une telle situation, voilà ce qui m'est permis, et non autre chose. La fidélité à mes résolutions, le renouvellement de mon âme dans l'esprit de sacrifice compenseraient avantageusement peut-être, ce qui m'est retranché d'activité pour le salut des âmes délaissées et toutes prêtes à saisir la main que je voudrais leur tendre. Je prends en particulier la résolution d'offrir chaque fois à Dieu ces serrements de cœur que j'éprouve, ces larmes qui me viennent souvent aux yeux, quand je me sens lié, enchaîné, uniquement par l'obéissance, au lieu d'avoir certaines libertés pour travailler dans le champ qui m'est montré, sans m'être ouvert... »

Ces paroles révèlent les douleurs intimes de ce cœur d'apôtre. Il ne pouvait souffrir l'idée d'un bien pour les âmes qui ne se faisait pas, ni d'un mal auquel il ne pouvait remédier, faute d'hommes, ou d'argent, ou de temps. Il s'ingéniait alors de mille manières pour suppléer au temps, aux hommes et aux ressources qui lui manquaient. Le jour était employé aux visites, la nuit aux écritures. Il improvisait secrétaires ses confrères, ses enfants, toutes les personnes qui lui tombaient sous la main. Alors il dictait d'innombrables circulaires, les unes pour obtenir des aumônes, les autres adressées aux pénitents ou pénitentes, aux ouvriers ou aux enfants qui lui semblaient déserter le confessional ou le Patronage. Il avouait un jour à l'un de ses confrères, qu'il ne s'était pas couché depuis onze nuits. C'était au temps de Noël; une première communion nombreuse avait coïncidé forcément, avec un appel envoyé aux personnes habituellement retenues le dimanche par le travail, et qui ne pouvaient jamais communier. Souvent ses forces physiques fléchissaient devant la vigueur d'un zèle en quelque sorte surhumain. L'abbé Planchat, parti vers huit heures du soir pour ce qu'il appelait ses tournées de malades, s'endormait parfois chez ses pauvres gens, qui respectaient cet épuisement de l'apôtres et ce repos obligé, que le bon Dieu envoyait à son serviteur.

Un si puissant déploiement d'efforts et d'activité extérieure ne faisait nullement négliger à l'abbé Planchat la prière et les moyens de la foi. Fidèle au principe de saint Ignace, il travaillait comme si le succès n'eût dépendu que de sa peine; il priait et faisait prier avec la même ardeur que si le succès n'eût dépendu que de Dieu seul. Persuadé que sans une intime union avec Notre-Seigneur, ses labeurs demeureraient sans fruit, il s'appliquait d'une manière extraordinaire à calmer son imagination et à diriger toutes ses facultés, pour ne pas perdre la présence de Celui qui l'avertissait dans l'Évangile, que, sans lui, il ne pouvait rien faire.

Dans ses visites, à l'imitation de saint Vincent de Paul, il honorait Notre-Seigneur dans la personne des enfants ou des pauvres avec lesquels il traitait : « Contemplons les travaux du divin enfant Jésus adolescent, écrivait-il dans les notes d'une de ses retraites (1868). Dès ses premières années il ignore ce que c'est que ménager sa peine.... Il n'avait que douze ans et voilà que Joseph sent ses forces diminuer ; l'inimitable modèle des bons fils prend sur lui le surcroît du travail.... Joseph meurt, Jésus multiplie ses sueurs pour pourvoir, lui seul, anx besoins de Marie. Ai-je assez pensé combien le pauvre petit enfant de fabrique, l'apprenti, le jeune ouvrier, le chef de la famille ouvrière me représentaient au vif Jésus-Christ dans les diverses phases de sa vie à Nazareth ? *Pauper sum et in laboribus a juventute mea....* »

Et dans une autre retraite qu'il fit avec le Père Olivain, compagnon de sa captivité et de son martyre, il écrivait cette résolution, qui témoigne de la façon dont il sanctifiait toutes ses démarches, et combien la vie active, avec ses agitations et ses préoccupations impérieuses, ne préjudiciait en rien chez lui à la vie intérieure.

« ....En allant par les rues, à la recherche de mes pauvres apprentis, de mes pauvres enfants du catéchisme, je méditerai de temps en temps sur l'enfer, afin de travailler plus généreusement à les y arracher.... »

Que l'on nous pardonne ces développements. L'intérieur des saints peut seul expliquer leurs prodiges. Si l'abbé Planchat n'avait eu qu'une activité de tempérament, ses forces n'eussent pu suffire pendant vingt ans à de tels labeurs. Son âme se retrempait sans cesse à la source éternelle de la charité, en Dieu même. C'est à ce foyer d'amour et de flamme que cette vie et cette mort s'éclairent.

La vie apostolique de l'abbé Planchat, à la maison Sainte-Anne, a commencé en 1863. Elle a duré huit années, presque jour pour jour, et elle s'est achevée par le massacre de la rue Haxo. Il est impossible de reproduire le récit, si abrégé qu'il soit, du travail de ces huit années. Il faut nous borner à la dernière, 1870-1871, qui résume cette belle vie et la couronne.

IV

L'ŒUVRE DE SAINTE-ANNE

AVANT LE SIÉGE

Au commencement de l'année 1870, la maison du patronage Sainte-Anne était parvenue à l'état le plus florissant. Le nombre des apprentis et des jeunes ouvriers, formant sa famille habituelle, s'élevait à environ 400. Cinq cent quarante jeunes gens, empêchés de fréquenter l'Œuvre régulièrement, conservaient néanmoins avec elle des relations. Une première communion de 87 enfants et jeunes gens, de 12 à 22 ans, avait eu lieu le 14 avril. L'assistance des parents à cette solennité avait été plus nombreuse que de coutume. Le jour de Pâques, 340 enfants étaient réunis à la messe du matin. Quatre ecclésiastiques avaient dû venir dans la soirée du samedi saint pour venir en aide à l'aumônier.

A un autre point de vue, la maison Sainte-Anne s'était distinguée entre les autres Sociétés de Paris. La somme totale des dépôts faits à la caisse d'épargnes par ses membres était la plus considérable, malgré la pauvreté extrême du plus grand nombre d'entre eux. Elle témoignait des habitudes d'ordre et de prévoyance des jeunes patronés.

Mais le bien produit par le patronage ne se manifestait pas seulement à l'intérieur de l'Œuvre et parmi les jeunes gens et les enfants qui la fréquentaient. Autour de lui, dans les familles, l'abbé Planchat étendait sa sphère d'action par ses démarches et son zèle ardent. Nous avons cité quelques traits de son ministère apostolique durant son séjour à Grenelle. La mission pour ainsi dire permanente, qu'il faisait à Sainte-Anne dans les conditions que nous avons dites, c'est-à-dire par les visites à domicile auprès de chaque ménage, a suscité des traits édifiants dont nous allons citer quelques-uns. C'est l'abbé Planchat qui les raconte lui-même dans les notes qu'il envoyait aux Sociétés ou aux personnes charitables pour en obtenir des secours nécessaires au soutien de ses Œuvres. Nous les citons textuellement sans craindre de fatiguer le lecteur. Il faut seulement se souvenir, en les lisant, que ces pages ont été dictées pendant la nuit, après les journées les plus fatigantes, et bien souvent, ont été envoyées sans être relues.

« .... Le chef de la famille P. s'opposait à la première communion de ses enfants. Aujourd'hui au lieu de cinq attardés, il n'en reste plus que deux. Etienne âgé de 14 ans et sa sœur Louise âgée de 25 ans, ont fait ensemble leur première communion le 12 janvier. Emile, âgé de douze ans et demi, s'y prépare pour Pâques. Le père P., après de longues négociations, avait à grand'peine accordé la journée du jeudi pour la première communion d'Etienne. Quant à la retraite, il ne fallait pas y songer. Or Etienne n'a manqué à aucun de ses exercices. Louise a été accompagnée à la sainte table par une juive sa compagne, baptisée le 8 à Sainte-Anne, et celle-ci m'annonce son frère pour Pâques. Le père est catholique ; la mère israélite me semble aussi en voie de conversion ; cette famille est au-dessus du besoin. »

« .... Un protestant, habitant depuis plusieurs années la paroisse Saint-Eloi, était visité par la Conférence de Saint-Vincent de Paul. Dans nos entretiens à l'occasion de la première communion de Guillaume son fils, madame M.... m'avait dit à plusieurs reprises : « Vous viendrez à bout de mon mari ; c'est un brave homme qui a fait baptiser ses cinq enfants catholiques et qui est touché des soins donnés au patronage à son pauvre sourd. » M. M.... vint me voir. Il est sérieux, intelligent ; je lui prêtai des livres. Il assista le 9 décembre à Sainte-Anne, avec une visible émotion, aux exercices de la première communion. Le vendredi 10, en faisant ma méditation, je me sentis inspiré d'aller chez lui. Je le trouvai couché. Je lui demandai s'il ne se décidait pas, enfin, à se ranger à la religion de toute sa famille. Pour éclairer sa décision, je mis en prière ses deux enfants. Il me promit de m'envoyer sa réponse avant midi. Le long du chemin, Guillaume que j'avais emmené, disait son chapelet pour son père. A la messe d'action de grâces, l'enfant fait la sainte communion à son intention. Avant midi m'arrive la réponse affirmative. L'affaire est réglée avec l'archevêché. Le soir, M. M... assiste à la retraite de confirmation ; elle est suivie d'une conférence entre nous, qui se répète le dimanche matin. Son abjuration précède la messe de communion des confirmés. Il y communie avec son fils. Toute cette journée, comme il le disait en souriant, il reste prisonnier au patronage ; à déjeuner, il est l'hôte de la communauté ; à souper, celui du restaurant des jeunes ouvriers. Il y eut dragées et café pour tous.

Debout depuis trente-six heures, M. M... en avait bien besoin. Grande était la joie de sa pauvre femme. Cette joie, le neophyte la partage et la conserve. Il a participé à la veillée de Noël, à la messe de minuit, à toutes les fêtes de Noël, avec son cher Guillaume... »

« Dans les derniers jours d'octobre, je reçois d'une cellule de Mazas une lettre à peu près conçue en ces termes « ..... Vous avez beaucoup pressé ma femme de faire ses devoirs à l'occasion de la première communion de son fils ; c'est vrai qu'elle est bien en retard, et que la première communion d'André serait une bonne occasion, puisque moi-même je viens de me mettre en règle, mais vous ne connaissez pas les têtes de Limousines. Çà ne se décide pas si facilement. Je vous en prie, laissez-la tranquille.... » Le brave homme ne connaissait pas la puissance de la charité sur une âme affligée : un bon père jésuite vint deux jours m'aider dans la réception des parents de la première communion. Le bon missionnaire ne lui dit que quelques mots, et la pauvre femme promit de venir à Vaugirard communier à la messe que je dirais pour son André. Le 30 octobre, elle arrivait à pied, à sept heures et quart du matin, du faubourg Saint-Antoine à l'orphelinat de Vaugirard. La messe était commencée, car elle s'était perdue en route. Elle se confesse et communie après la messe. Elle revint à la première communion de son fils et l'accompagna à la sainte table. Le lendemain, je recevais de la grande Roquette une lettre de remerciements les plus affectueux. Le père d'André avait été condamné au minimum de la peine qu'il avait encourue ; mais aussi la pauvre mère, outre le pèlerinage de Vaugirard, avait encore fait celui de Notre-Dame-des-Victoires. ...

« ..... A ces résultats de la première communion je dois ajouter ceux de notre prépation à la fête de Noël en vue du jubilé. Dès le premier jour l'assistance était très-nombreuse. Plus de 300 invitations avaient été distribuées, en même temps qu'un opuscule instructif sur le jubilé. Six confesseurs avaient répondu à mon appel pour la nuit de Noël. La sainte communion a été donnée pendant 35 minutes par deux prêtres à la fois... »

« ... Parmi les jeunes gens des premières communions précédentes, convoqués, comme toujours, pour la fête de Noël, il en vint un qui s'était fait remarquer par un complet changement, suivi de la conversion de son père et de sa mère. Elle mourut et Félix se trouva livré à un frère aîné, contre lequel sa mère et le Patronage l'avaient jusque-là protégé. Replacer Félix, qui était parfaitement casé par nos soins, et l'enchaîner loin de nous fut, pour ce frère insensé, l'affaire de quelques jours. Les démarches et les instances réunies du directeur et de l'aumônier, tout fut impuissant à empêcher ce malheur. Mais la première communion avait laissé dans l'âme de Félix un souvenir ineffaçable. A la réception de notre invitation, lui rappelant ce touchant anniversaire, Félix accourut, au sortir de son travail, encore revêtu des vêtements de l'atelier; mais en allant s'habiller il eut éveillé des défiances et manqué son coup.... »

« ..... — Voyez, je vous ai amené maman, me disait le 24 décembre, à 10 heures du soir, le brave B.... ramené, lui aussi, après six mois par ma circulaire. — Eh bien, ma bonne dame, vous êtes venue, n'est-ce pas, pour vous confesser? — Oh! je connais trop ma religion pour cela; il faut être préparée et je ne le suis point! — Tenez, allez donc dire deux mots au bon père jésuite qui confesse près de la porte, il vous indiquera la manière de vous bien confesser pour plus tard. — Mais vas y donc, maman, ajouta notre bon enfant. — La mère obéit. Elle s'entretient un quart-d'heure avec le ministre de Dieu et, à la messe de minuit, elle communie. Deux jeunes filles qui l'avaient accompagnée, se confessent à son exemple, et communient à la messe suivante. Quant à elle, ce ne fut pas trop de quatre messes. Elle ne se décida à se retirer que lorsque tous les cierges de l'autel furent éteints... Quand B. reprit le bras de sa mère pour retourner à la Bastille, il me dit à l'oreille : « — Elle s'est bien fait prier maman ! aussi, elle n'y avait pas été depuis vingt ans.....! »

« .... — Quand allez-vous prendre votre tour, disais-je, dans la même nuit, à Mme C. — Hélas ! monsieur, il n'y a pas moyen. — Comment, vous, la mère de deux jeunes gens si bien élevés, vous ne seriez pas aussi chrétienne qu'eux. — Oh ! monsieur, nous souffrons le martyre, leur brave père et moi, depuis vingt ans au moins. Nous sommes mariés à la mairie seulement. Comment pouvons-nous nous y prendre pour que l'usine et nos grands garçons surtout, n'en sachent rien, si nous nous marions à l'église? — Je me charge de tout arranger avec l'archevêché. — Eh bien, parlez-en au père qui est avec ses enfants dans la salle du patronage. — Je ne demande pas mieux, dit ce brave homme, si la chose peut se faire loin d'ici et en secret. » — Quelques jours après, dans une chapelle éloignée, le mariage fut célébré à ma messe. Les deux époux y communiaient. Il était près de midi! »

« La première communion du 14 avril comptait 87 enfants et jeunes gens de 12 à 22 ans. L'assistance des parents à la messe fut plus nombreuse que jamais. Les trois-quarts des mères et bon nombre de frères et sœurs ont communié. Un brave Picard était venu la veille me demander ce qui manquait au juste, à l'habillement d'un pauvre petit cordier, son neveu. — Brave ami, lui dis-je, voilà deux fois en quatre mois que vous aurez habillé cet enfant, car vous l'avez déjà, pour le premier de l'an, débarrassé de ses haillons. Un homme qui se dévoue ainsi à un pauvre enfant timide et lent d'esprit, le fait certainement par un sentiment que Dieu doit bénir ; allez donc trouver le bon père qui confesse ici, et vous communierez demain avec votre petit protégé. — Mais c'est qu'à vrai dire, monsieur l'abbé... il y a longtemps, mais n'importe, j'y vais...! Une demi-heure après je vois mon homme debout dans la chapelle. « — Que faites-vous là, mon brave ami ? — Je fais mon chemin de croix. Puis me prenant les mains et les larmes aux yeux : — Monsieur, je vous remercie ! »

« ... La première communion a donné entrée au Patronage au groupe d'une dizaine d'enfants de divers âges, employés dans une petite verrerie du quartier. Les premiers communiants ont amené leurs camarades plus âgés. Durant la retraite, ces courageux enfants ont dû borner leur sommeil à trois ou quatre heures à peine.— Le Père L., de l'Oratoire, qui les confesse, s'occupe de diminuer pour eux les ardeurs de la fournaise, en leur procurant des lunettes et des masques de bois qu'il leur fait confectionner.

« ..... Jamais la retraite de Pâques au Patronage n'avait été aussi suivie. On en peut juger par les 18 à 1,900 petits livres qui ont été distribués pendant six jours au contrôle, en guise de jetons de présence. Aussi le jour de Pâques, 340 patronés, au moins, étaient réunis à la messe du matin, et plus de 500 hosties ont été consommées tant le dimanche que le lundi. Quatre prêtres d'un admirable zèle, venus tous du faubourg Saint-Germain, avaient aidé dans sa tâche le pauvre aumônier de Sainte-Anne... »

« ... Quatre ou cinq enfants reçoivent chaque semaine à Sainte-Anne *un pain d'école* — Cette petite rente a permis de maintenir en classe ces pauvres enfants, que leurs familles nécessiteuses étaient sur le point d'envoyer en fabrique. Ouvrez le livre d'inscription : au dessus de plusieurs noms d'enfants, au lieu des adresses de leurs familles, vous verrez cette inscription *«protégé par Sainte-Anne»* En effet, Saint-Anne est la maison du pauvre petit abandonné. S'il n'y trouve pas encore un logement, il y reçoit au moins la nourriture, l'entretien et les bonnes caresses qu'il ne reçoit plus dans la famille ... »

Ce tableau de la maison Sainte-Anne et des travaux de l'abbé Planchat avant le siége, seront complétés par l'extrait d'une lettre d'un père jésuite, qu'il était parvenu, à force de prière et d'instance auprès de ses supérieurs, à associer à son apostolat. Le P. d'Aage a écrit sous l'impression de la mort du martyr les pages suivantes, qu'il n'a peut-être pas relues, mais qui, à coup sûr, respirent la véritable éloquence, celle du cœur :

« .... C'est en 1866 que la Providence me mit en relation avec le bon père pour prêcher la retraite pascale à Sainte-Anne. Mes supérieurs me désignèrent et, dès lors, il me fut donné de me rencontrer fréquemment avec lui. Dès le premier abord, sa charmante simplicité, sa modeste cordialité, son zèle infatigable m'attachèrent de cœur à lui, à ses œuvres. Je dis à dessein « ses œuves ». En effet, à mon entrée à Sainte-Anne, je croyais n'avoir affaire qu'à des jeunes gens ou à des enfants de patronage ; mais l'action de son zélé directeur allait bien au delà. Secours prodigieux aux indigents du quartier, visites des malades abandonnés, et, surtout, recherche des enfants n'ayant pas fait leur première communion, parfois n'ayant pas même reçu le baptême, remplissaient la vie de l'abbé Planchat. La semaine était consacrée par le bon père à toutes ces démarches; et le samedi soir, il venait s'installer à Sainte-Anne pour la journée du dimanche. Oh ! qu'il était heureux, cejour-là, quand les enfants du Patronage, les grands surtout, avaient répondu à ses appels fréquents pour la communion. Le dimanche était le jour des grandes fatigues. Depuis le matin, cinq heures et demie, parfois quatre heures, jusqu'au soir, neuf et dix heures (quelquefois minuit), on ne le voyait assis que quelques instants, et nous devions lui faire violence pour le retenir au repas du soir, ce que nous n'aurions pu, si, à cette heure, le patronage n'eût point été vide. Pendant cette journée il était tout entier aux confessions d'enfants, de pauvres, aux consolations et conseils à ses chers ouvriers, aux relations de charité avec les parents, aux catéchismes, instructions, avis, distribution des aumônes recueillies durant la semaine. En un mot, le père ne s'appartenait plus. Trois fois par an, il faisait faire la première communion à un grand nombre de pauvres enfants des quartiers voisins de Charonne. Il employait quelques jeunes gens du Patronage à le seconder pour apprendre le catéchisme, et stimulait le zèle des retardataires, des moins intelligents, par tous les moyens que sa charité savait inventer ; le plus efficace, peut-être, était la vente d'objets utiles, dont l'enfant fait acquisition avec les bons points. Cette vente était le fruit des courses longues et pénibles, qui ne lui coûtaient pas plus que les rebuts, les duretés même, qui lui en revenaient quelquefois. Il avait établi dans le patronage une congrégation des plus ferventes, et c'était une grande édification de le voir au milieu de ses enfants, les formant avec suavité aux exercices de la piété, et tout simplement, comme il savait accomplir les plus grandes choses, faire sa petite accusation pour l'omission de telle ou telle pratique.

« Je reviens à la retraite de Pâques. Ayant ses enfants sous la main, il cherchait à grouper autour d'eux leurs parents, leurs amis, et n'était satisfait que lorsque de

vieux retardataires venaient, par leur présence, aug-
menter la joie du festin sacré. Aussi le sanctuaire était
réservé pour eux, et cet exemple devait avoir une
grande influence sur les jeunes gens. C'est pour répon-
dre à cette extension du bien que la grande chapelle
fut construite, et je n'en doute pas, elle n'est pas trop
grande. D'ailleurs, cette action de son zèle agissait sur le
quartier, et plusieurs fois j'ai entendu faire l'éloge du
bon père, dans ces rues qu'il a traversées pour aller au
martyre. Un trait caractéristique de l'abbé Planchat,
c'est le désintéressement le plus noble des âmes. Directeur de l'œuvre, ayant vu grandir sous son apostolat
cette jeunesse si vive, si affectueuse, il mettait une
délicatesse pleine de suavité, à porter ses enfants
vers les collaborateurs qu'il appelait. — Allez trouver le bon père, disait-il, il vous fera du bien. Il
usait d'industrie pour ouvrir la confiance dans cette
voie. Aussi le ministère était bien facile à Saint-Anne,
la besogne venant de suite, avec le charme d'une confiance entière. Ce trait mérite mention spéciale. Le bon
père trouvait toujours du travail pour les prêtres qu'il
appelait à Saint-Anne ; et, il faut le dire, comprenant
parfaitement ce qu'est le ministère des âmes, plus il
avait d'ouvriers avec lui, plus il était content, sachant
qu'il y aurait plus ample moisson. Cet humble désintéressement le portait à offrir sa chambre et la place la
plus commode à ceux qu'il appelait, prenant pour lui le
lieu où l'on était le moins à l'aise. Avec quel cœur il
remerciait du peu que l'on avait fait, avec quelle instance il nous pressait de revenir ! De fait je me serais
mis en quatre pour lui venir en aide, et quand mes oc-
cupations me permettaient de gagner Saint-Anne, la
distance ne me coûtait pas. D'ailleurs sa charité lui a
souvent inspiré d'aller quêter pour procurer une voiture, qu'il voyait avec peine refuser par délicatesse.

C'était alors qu'il s'ingéniait pour vous surprendre.

« Grâce à tant d'œuvres, le bon père se trouvait en rapport avec MM. les curés, dont il respectait avec un soin jaloux tous les droits. Le digne pasteur de Charonne, auquel il me présenta, l'aimait avec vénération, le plaisantait agréablement de son zèle envahissant ; mais il était heureux, comme ses confrères, de l'utile auxiliaire envoyé par la Providence. M. Planchat me racontait avec une sainte joie la réponse de M. Langénieux, alors curé de Saint-Ambroise. — Oh ! mon bon père, faites dans ma paroisse tout le bien que vous pourrez, car nous ne serons jamais assez pour cultiver des champs si vastes !

« Parfois il y eut des malentendus, des plaintes, des reproches. Jamais il ne s'en plaignait, et les contradictions n'étaient connues que par d'autres. Pour lui, il attendait une nouvelle occasion ; et, respectueusement, humblement, tentait de nouveau le bien que son zèle lui faisait entrevoir comme nécessaire.

« J'ai déjà indiqué quelques traits de son humilité, dans ses rapports avec ses collaborateurs. Elle était l'âme de toutes ses vertus, de toutes ses œuvres. C'était humblement qu'il sollicitait, auprès de qui de droit, la permission de faire le bien. Avide des observations et des critiques, il avait la vraie simplicité de donner modestement les avis qu'on lui demandait. Dans une circonstance qu'il est inutile de raconter ici, je fus témoin de la facilité que l'habitude de l'humilité, du renoncement à lui-même, lui avait donnée pour supporter la contradiction, alors même qu'il en voyait parfaitement le ridicule. Mais il passait outre gaiement, et je doute que celui qui la lui avait causée, se doutât que le bon père en ait ressenti l'amertume. J'ai dit le mot gaiement, il peint le caractère de l'abbé Planchat. Sa belle âme s'épanouissait dans son regard, dans son sour're, dans tout son air dégagé, que d'affreuses migraines ne bouleversaient jamais tant qu'il était à la besogne.

« En parlant de ce bon père, les mots d'œuvres, de travail, de besogne viennent à chaque instant ; c'est qu'en effet, sa dévorante activité le réclame. Et cependant il faut ajouter un trait caractéristique de cette activité. Etre actif aux œuvres du ministère peut tenir au tempérament ; mais l'être avec humilité, en ne perdant rien de l'esprit de piété, c'est le privilége unique de l'apostolat surnaturel. Or, le zèle de M. Planchat n'avait pas tari la source de la tendre et solide dévotion. Lui, si agité extérieurement, si tiraillé par les multiples détails de sa vie à Sainte-Anne et au dehors, retrouvait au pied du Saint-Sacrement, à l'instant même, la facilité des rapports intimes avec Notre-Seigneur et la sainte Vierge. Il y avait même une certaine naïveté d'expansion, qui ne choquait pas, parce qu'elle était, comme tout en lui, d'un naturel exquis. Jamais ce naturel ne m'a plus touché qu'au jour d'une de ces premières communions, à la préparation de laquelle il m'avait employé. Je vois d'ici la sacristie envahie par les enfants et les parents, tous rayonnant de joie, comme le sont les pauvres Parisiens, quand on a pu les arracher à certains milieux, où se tournent vers le mal leurs qualités si faciles à utiliser pour le bien. Le bon père était là, vraiment, au milieu d'une famille, puisqu'il avait vêtu presque tous ces enfants et secouru leurs parents. Mme Planchat, associée aux œuvres de son vénérable fils, comme elle le fut aux douleurs de sa captivité, mettait par sa présence le sceau de la vie de famille à cette réunion. Ce spectacle avait une simplicité chrétienne pleine de grandeur ; c'était la réalisation naturelle de la grande loi de l'apôtre : *Unum corpus sumus....* »

V

L'ŒUVRE DE SAINTE-ANNE

PENDANT LE SIÉGE

Lorsque la guerre avec l'Allemagne vint à éclater, le patronage Sainte-Anne, comme toutes les œuvres de ce genre, fut fortement ébranlé. Les grands jeunes gens, modèles des autres par leurs bons exemples, furent appelés sous les drapeaux. Pour les plus jeunes, le travail se ralentit, et finit par cesser complétement. L'oisiveté, et tous les dangers qui lui font cortége, allait fondre sur toute cette bonne jeunesse, préservée jusqu'alors, à force de soins et de sollicitude. Les privations les plus pénibles, par suite du siége, vinrent s'ajouter à la misère ordinaire de ce malheureux peuple des faubourgs. Les funestes habitudes, prises à la garde des remparts, vont achever de le démoraliser. Les trente sous du garde national arrivent bien rarement intacts à la ménagère, pour pourvoir à la subsistance de la famille, qui n'a plus d'autres ressources. En présence de cette accumulation de maux, le courage et la charité de l'abbé Planchat ne défaillent pas. Rien ne l'épouvante. Il a confiance que Dieu aura pitié de ce peuple, et que tant d'épreuves faciliteront son retour vers lui. Il a enfin obtenu de ses supérieurs de fixer sa résidence à Charonne. Il pourra donc, maintenant, disposer de tout son temps, et se vouer tout entier au soulagement des misères qui l'environnent. Dans ce Paris déserté, investi, ruiné, affamé, il trouve moyen en quelques mois de récolter plus de vingt mille francs d'aumônes. Tandis qu'à prix d'argent, on ne pourra se procurer nulle part une alimentation suffisante, il tient table ouverte à Sainte-Anne et nourrit, pour ainsi dire, tous ceux qui s'y présentent. Une grande partie des enfants du patronage y vont prendre leus repas. Il secourt aussi leurs familles. Il ne restreint pas à la sphère du patronage, déjà fort étendue, la distribution de ses aumônes. Il ne se contente pas de soulager les misères qui viennent le solliciter. Il va au-devant d'elles, et multiplie encore ses visites. Il parcourt les rues tortueuses, les passages ignorés; et au fond des masures les plus misérables, va découvrir les misères morales et physiques vraiment incroyables qui s'y réfugient. Il ne s'inquiète pas du redoublement de haine contre le clergé, qui va grandissant et éclate partout, soit dans les feuilles populaires, soit dans les réunions publiques. De même qu'il entreprend de multiplier les assistances aux pauvres, dans un temps où les ressources manquent à toutes les œuvres et à tout le monde, il donne un nouvel essor à son zèle apostolique. La chapelle Sainte-Anne est transformée en mission permanente. Il court chercher par les rues, les enfants, les ouvriers, les mobiles, et les convoque à des messes, à des communions et à des instructions quotidiennes. A moins de prêcher sur les places publiques, l'abbé Planchat n'a négligé aucun des moyens, employés par les saints, pour convertir les âmes. Sans penser même aux obstacles, ni essayer de les tourner, bravant tout respect humain, et tout danger, ne voyant que les âmes, ne cherchant que

la gloire de Dieu, il appelle à Sainte-Anne amis et ennemis. Et pour venir à bout de ces labeurs presque sur-
humains, il s'associe quatorze prêtres, qu'il initie à tous
les secrets de son étrange ministère, s'oubliant, se sacri-
fiant et s'effaçant toujours devant eux !

Aussi Dieu a-t-il béni ce zèle si pur, ce dévouement
si généreux par des grâces qui touchent au miracle.
Tandis que toutes les œuvres analogues à la sienne,
souffraient et dépérissaient, quoique dans des conditions
beaucoup plus favorables, la maison Sainte-Anne, pendant le siége et pendant la Commune, a maintenu le
chiffre de ses membres assidus égal à celui des époques
les plus prospères.

Elle est ouverte tous les jours comme le dimanche, et
depuis le commencement de la guerre elle préserve de
l'oisiveté et du vagabondage de la rue 130 à 150 enfants
et jeunes gens qu'elle nourrit chaque jour.

Il n'y a pas de matinée où l'on ne compte, au moins,
six communions d'enfants du patronage, sans parler de
celles des parents, la plupart retardataires.

Mobiles et gardes nationaux parviennent à se faire
dispenser de leurs services, pour assister en bon nombre
aux messes de la chapelle Sainte-Anne, dans les jours de
semaine.

Le catéchisme de la première communion augmente
en nombre, au lieu de décroître. Cent vingt-cinq premières communions ont eu lieu le 25 décembre 1870, et
dans le nombre des communiants, on compte quatre
personnes de quarante à cinquante ans, quinze de quatorze à vingt ans. La retraite préparatoire, y compris
les renouvelants, a réuni chaque jour cent soixante-dix
personnes.

Mais rien de ce que nous avons dit jusqu'ici, ne saurait être comparé à ce qu'il a fait en faveur des mobiles
de la province. On a conservé les notes qu'il envoyait

aux divers comités catholiques de secours à l'appui de ces demandes de subsides. Elles contiennent les détails les plus intéressants sur cette œuvre improvisée. Des régiments entiers de mobiles, appartenant pour la plupart aux meilleures parties de la Bretagne, campaient sur les boulevards, dans des barraques en planches, où ils ne pouvaient guère séjourner que la nuit. Le jour, entre les exercices, ils erraient désœuvrés, ou stationnaient dans les cabarets, exposés aux plus graves dangers. Offrir à ces braves enfants l'asile tutélaire de Sainte-Anne, les attirer dans sa chapelle et les engager à user de son ministère, durant les courts instants de repos qui leur sont accordés avant d'aller au feu, enflamma bien vite le zèle de l'abbé Planchat. Autorisé par ses supérieurs, il se met aussitôt en relations avec les chefs de corps, et obtient facilement leur autorisation. Maison, jardin, gymnase et chapelle, sont mis à la disposition des nombreux régiments qui se succèdent pendant le siége, dans les baraquements de Charonne et de la Bastille. Les réunions commencent le 28 septembre. Au 18 octobre, quatre mille pauvres mobiles avaient déjà trouvé à Sainte-Anne un asile contre des dangers de toutes sortes, et les consolations que ces cœurs fortement chrétiens avaient été heureux de trouver dans le dévouement du saint prêtre. Plus de trois mille confessions, plus de deux mille six cents communions ont eu lieu à Saint-Anne pendant le siége, sans parler des messes militaires que l'abbé Planchat avait organisées à l'église paroissiale de Charonne, d'accord avec l'excellent clergé de cette paroisse. Qu'on juge de l'étonnement de la population de ces quartiers, en voyant défiler le dimanche, se rendant à l'église, par masses inégales, 600 à 800 mobiles bretons à la fois, avec leurs chefs en tête.

Le 19 octobre, 350 mobiles assistent à la réunion

dans la chapelle, après laquelle les prêtres venus en aide à l'abbé Planchat entendent cent confessions.

Le 20 octobre, cinq communions, cinquante-cinq confessions. A la réunion assistent 700 hommes des mobiles de l'Aube.

Le 25 octobre, au service pour le comte de Dampierre, 800 mobiles sont présents, avec tout, l'état-major.

Le mouvement des troupes, nécessité par la défense, envoie les mobiles hors Paris. Les réunions cessent donc vers la fin d'octobre, et reprennent à la fin de novembre, avec les bataillons de Saône-et-Loire, pour cesser définitivement avec la grande sortie du 30, à Champigny.

Quelles que fussent la foi et la bonne volonté de ces jeunes soldats, si récemment enlevés à la calme existence du village et du foyer de famille, elles ne suffisent pas pour expliquer un mouvement religieux si prononcé. Il est évident qu'il était dû en grande partie au zèle entraînant de l'abbé Planchat. Muni d'un laissez-passer des commandants, il parcourait deux fois par jour les baraques. Le matin, pendant l'exercice, il emmenait avec lui pour les réchauffer et les réconforter, les soldats indisposés qui n'avaient pu suivre les autres. Le patronage devenait leur asile de convalescence, comme une petite ambulance maternelle improvisée, où le pauvre jeune soldat passait trois ou quatre jours de repos, qui lui épargnaient souvent une grosse maladie. Quant aux simples bobos, rhumes, maux de dents, etc., on les gardait seulement pendant un jour au chauffoir, qui n'était autre que la chambre même du charitable prêtre. La seconde visite aux baraques se faisait dans l'après-midi, aux bien portants. A ceux-là l'abbé Planchat offrait l'appât des salles de jeu du patronage, et d'un verre de bière de bien venue. Ceux-ci ne résistaient pas plus que les autres ; et, par trois cents à la fois, se mettaient à la suite de l'abbé Planchat jusqu'à la rue des Bois. Des salles de jeux on passait à la chapelle. A chacun on faisait don d'un manuel du soldat (il en a distribué près de 4,000). On chantait des cantiques. On entendait un petit sermon et ensuite, se confessait qui voulait, et en si grand nombre, que c'est par milliers qu'il faut compter les confessions entendues. Les premiers venus faisaient la propagande auprès des autres et le lendemain la réunion était doublée.

Nous venons de voir l'abbé Planchat se multipliant pour adoucir les souffrances du pauvre mobile, et lui procurer les consolations spirituelles, plus désirées par lui bien souvent. Nous ne serons pas surpris de voir notre apôtre s'éloigner parfois de Sainte-Anne, et courir sur les champs de bataille des combats sous Paris. Voici le récit des deux expéditions faites aux avant-postes, par les plus froides nuits de cet hiver exceptionnellement rigoureux. L'abbé Planchat, aumônier militaire, est le dernier trait qui manquait à ce type d'abnégation. Il achèvera de confondre les misérables qui, pour excuser leur crime, accusaient le prêtre d'indifférence aux douleurs de la patrie, comme d'antagonisme aux intérêts populaires. Nous avons vu comment l'abbé Planchat aimait le peuple. Voyons-le donc auprès du soldat :

« La canonnade inouïe du 30 novembre au 1er décembre (1), si voisine de Ste-Anne, n'avait pu suspendre les travaux de préparation de notre première communion du quinze. Mais pouvions-nous aller prendre notre repos, en pensant aux nombreux blessés que les dernières heures du combat avaient dû laisser sans secours, par suite de l'obscurité de la nuit ? On avait déjà amené

(1) Combat de Champigny.

quelques blessés à notre ambulance. On nous disait que d'autres étaient encore en dépôt à la porte de Montreuil. Nous nous y rendons vers dix heures du soir : deux docteurs, deux infirmiers, l'abbé X. et l'aumônier de Sainte-Anne.

» A la porte de Montreuil, rien ; à celle de Vincennes, le capitaine, commandant le poste de la garde nationale, s'empresse de mettre à notre disposition les voitures par lui requises. Deux fiacres et un omnibus sont dirigés vers le rond-point de Plaisance, lieu de première évacuation des blessés.

« Dans le château de ce nom nous trouvons plusieurs blessés, mais tous pansés et sur le point de partir par les soins de la Société Internationale de Secours ; tous confessés, sauf quatre, qu'extrémise l'abbé X.

« — Allez, nous dit-on, chez Dominique, marchand de vin, plus bas, près de la rivière, il y a dix-sept blessés en grande détresse.

« Nous trouvons, en effet, dans deux pièces du rez-de-chaussée, ouvertes à la bise, et dans une petite salle au-dessus, à peu près le nombre indiqué de malheureux, presque tous blessés mortellement et gisants sur la paille.

« — Soyez le bienvenu, dit à l'un de nous, le médecin du fort de Nogent, accouru jusque-là ; sans vous, je n'en sortais point, et, d'ailleurs, mon corps me réclame.

« Nous voici donc tous à l'œuvre.

« Un seul blessé, déjà pansé, disparaît avant que l'abbé X. ait pu l'entretenir. Tous les autres, avant leur transport en voitures, sont confessés par l'abbé X. et par moi. Nous avions heureusement emporté les saintes-huiles. Ici commence la série des faits touchants de nos nocturnes expéditions :

« J'avais passé la médaille au cou d'un soldat agonisant ; une balle lui était entrée dans le ventre ; l'hémorragie s'était faite à l'intérieur. Le pauvre enfant avait affectueusement baisé la médaille et embrassé mon grand crucifix. La confession commençait.

— Mais, me dit-il, je suis de Besançon, c'est vrai, mais je suis protestant ?

— Qu'est-ce que cela fait ? Acceptez les consolations du prêtre catholique ; vous n'avez pas de ministre ici. Demandez pardon au bon Dieu de vos péchés, et en particulier, d'avoir suivi une fausse religion, car vous pouvez bien vous être trompé....

« Le temps pressait pour d'autres, j'ajoutai peu de paroles. Le baptême me paraissait certain, vu le lieu de naissance du mourant. Je lui fis de nouveau baiser médaille et crucifix. Je lui donnai l'absolution. Il a dû mourir peu de temps après. J'ai tout espoir pour son salut.

« Notre tâche terminée chez Dominique, on nous indique, dans une petite avenue, où parquaient des chevaux d'artillerie, une maison de blessés dont deux étaient déjà morts.

« Sur le chemin, nous rencontrons l'aumônier du fort de Nogent :

« — Vous y allez ? Merci ! Voilà trois nuits que je n'ai presque pas dormi, deux jours que je vis sans bréviaire et sans messe ; indiquez-moi l'office de ce matin..... ? Merci, je vais prier pour vous.

« Le spectacle était plus navrant encore *aux Acacias* que chez Dominique, l'entassement plus affreux, l'agonie plus prononcée...

« De chez Dominique nous avions apporté deux bouteilles de vin, car plusieurs blessés nous avaient dit :

« — Gardez-les pour de plus souffrants.

« Nous pûmes donc étancher la soif de plusieurs.

« Nul n'était en si triste état qu'un pauvre blessé, que l'aumônier de Sainte-Anne dut, avec un planton de la garde nationale, un médecin et un artilleur, aider à monter jusqu'au brancard. Baigné dans son sang par la fracture des deux cuisses, ce corps athlétique sacra de son noble sang le brassard à peine inauguré du prêtre, qui venait de laver cette belle âme dans le sang de Jésus-Christ !

« A côté de ce malheureux gisait un jeune Bordelais.

« — Avez-vous une médaille ?

« — Voyez plutôt cette chaîne ; ma mère et ma sœur en ont donné les deux médailles. Oh ! j'allais souvent à Notre-Dame de Verdelais.

« Il se trouva qu'un soldat, voisin du Bordelais, fut confessé deux fois, avant l'extrême-onction, par moi ; après, par M. l'abbé X. Ils étaient si heureux, ces pauvres enfants de voir le prêtre, et encore le prêtre !

« Après l'avenue des Acacias nous parcourûmes une route qui, à travers les bivouacs, avançait vers la Marne.

« Nous eussions bien voulu franchir la rivière, car nous le pressentions trop, un terrible combat prolongé dans les ténèbres, avait dû laisser bien des blessés en proie à leurs souffrances et à la gelée de cette triste nuit.

« Les trains de notre artillerie encombraient le pont de bateaux, et derrière les caissons qui passaient l'eau, on entrevoyait de longues files prêtes à les suivre.

« — Nous perdons notre temps ici, disent nos médecins : on nous parle de nombreux blessés entassés à Fontenay ; allons-y de suite.

« Trois omnibus et deux fiacres, arrêtés dans le voisinage, sont requis et nous partons.

« Vaguement renseignés par un vieux couple qui, au retentissement des omnibus dans le village désert, s'était mis à la fenêtre, nous trouvons enfin l'ambulance improvisée dans le local de la pension M.

« Au premier coup d'œil jeté sur la situation :

« — Ces hommes, disent nos médecins, sont gravement blessés; leur transfert à Saint-Antoine est urgent.

« Et avec le plus louable empressement, secondé par l'officier de marine que l'abbé X. avait reconnu pour son compagnon de mer, ainsi que par plusieurs gardes nationaux du pays, nos médecins achèvent et complètent les pansements en vue du voyage à Paris.

« Nous abordâmes, nous, le traitement des âmes :

« — De quel pays êtes-vous ?

« — De l'Aube, me dit un blessé.

« — Êtes-vous mobile ?

« — Non, c'est mon fils; moi, j'ai cinquante-deux ans.

« — Vous souffrez bien ?

« — Oh ! oui, je suis cruellement atteint; mais que je suis content de voir un prêtre ! car il y a longtemps que je ne me suis confessé. J'appartiens à une excellente famille, et j'ai fait une bonne première communion.

« Et il se confesse, et reçoit l'extrême-onction dans des sentiments admirables.

« J'aidai à le transporter dans l'omnibus.

« Alternativement, l'abbé X. et moi, soutenions sa tête, lui donnant une gorgée d'eau à boire.

« Durant cette interminable étape au pas, de Fontenay à l'hospice Saint-Antoine, une douillette se joint à l'insuffisante couverture de l'ambulance. Un garde national se tenait constamment debout sur le marche-pied pour diminuer le courant d'air glacé, qui pénétrait dans la voiture.

« — Jésus ! Marie ! Joseph ! disait de temps en temps le blessé.

« A la porte de Vincennes cet omnibus, qui s'avançait avec la lenteur d'un corbillard, reçoit le salut militaire.

« A l'entrée à Saint-Antoine, ce fut émulation d'empressement, de la part des sœurs, pour présenter au blessé le vin chaud, qu'hélas! il rejeta quelques instants après.

« L'abbé X. eut sa large part de consolation, dans la visite de l'ambulance de Fontenay. Un jeune soldat du Périgord accueillit son ministère avec empressement, et ne cessait ensuite de lui répéter :

« — Que je voudrais donc voir, avant de mourir, le bon curé qui m'a fait faire ma première communion!

« J'offris à ce brave soldat un chapelet.

« — Où est la croix ? me dit-il, que je la baise.

« Sur les vingt-cinq blessés environ, que contenait l'ambulance, vingt au moins furent confessés ou extrémisés : le reste fut enlevé rapidement pour l'hôpital Saint-Antoine.

Nuit du 2 au 3 décembre.

« .... Ayant d'avance organisé le mieux possible nos préparatifs, depuis la provision de sucre et de rhum, usqu'à la réquisition des voitures, nous comptions sur une abondante moisson.

« Cependant, arrivés au pont de Joinville, à 9 heures du soir, nous trouvons là, agglomérées, une immense file de voitures abandonnées comme inutiles.

« Le combat, nous dit-on, a, cette fois, fini de bonne heure, et tous les blessés ont pu être enlevés. Si vous tenez absolument à en voir, il en reste à Champigny quelques-uns que l'on s'occupe d'évacuer.

« Arrivés à la bifurcation de la Grande Rue de Champigny avec la route de Villiers, nos médecins s'informent des blessés qu'on leur a indiqués tout à l'heure.

« — Ils sont pansés ; la voiture qui file devant vous va charger les derniers, crie à nos médecins un poste de brancardiers de la Société internationale de secours.

« — Allons à Bry, disent les docteurs.

« En passant par le bois de Plant, nous vîmes des carrières à excavations, nombreuses et abritées par des taillis. Chacun de ces trous renfermait un bivouac. C'étaient nos braves soldats qui en mangeant se réchauffaient comme ils pouvaient.

« Si nous eussions perdu tout espoir de trouver des blessés, nous nous serions fait une joie d'aller visiter ces groupes.

« A quelques pas d'une barricade, nous apercevons dans le bois, au ras de la route, un képi et un uniforme couvert d'un peu de paille. Nous levons le képi et notre main touche le front glacé, d'un brave mort à son poste.

A la traversée du chemin de fer de Mulhouse, en vue du plateau de Cailly, nous heurtâmes plusieurs squelettes de chevaux, tués le jour même, et si habilement dépécés par les combattants affamés, qu'on les aurait cru livrés au scalpel de l'amphithéâtre.

« Enfin, nous descendons à Bry-sur-Marne.

« Là, plus qu'ailleurs, on voit les traces d'une lutte récente ; des cadavres encore chauds, d'hommes et de chevaux gisants côte à côte, au bas des vignes ; portes de granges taillées à jour par les boulets ; barricades en démolition ; et, toujours, pas de blessés.

« Un capitaine de zouaves que nous questionnons, nous dit :

« — Il doit y avoir encore des blessés tout près des avant-postes prussiens ; si vous voulez y aller, c'est votre affaire ; sachez seulement que les Prussiens tirent sur les ambulances.

« Pendant que nos docteurs se consultent, l'abbé X. avise un zouave, qui se promenait pensif sur la place du village. Quelque temps après l'abbé me rejoint et me dit :

« — Je n'ai pas perdu ma nuit, j'ai confessé un soldat.

« Stimulé par cet exemple, je m'approche d'un

groupe, qui venait à notre rencontre sur la route de Bry à la Marne.

« J'en détache un individu, envoyant les deux autres à l'abbé X.

« — Vous êtes du Midi, mon ami, dis-je à mon prisonnier ?

« — Oui, des environs de Tarbes,

« — Alors vous connaissez Notre-Dame de Lourdes ?

« — Oui,

« — Mais quelle était votre occupation avant la guerre ?

« — Oh! j'étais à Paris depuis un certain temps.

« — Et que faisiez-vous ?

« — J'étais professeur au lycée. ***

« — Et de quelle classe ?

« — De toutes, j'étais professeur suppléant.

« — Licencié ès-lettres ?

« — Ah! j'ai travaillé pour cela. Je n'ai pas eu le courage d'aller jusqu'au bout. Du moins, cela m'a servi pour lire en originaux les auteurs latins.

« — Juvenal aussi ?

« — Il n'est pas toujours très-propre! Cela fait sentir la supériorité des chrétiens sur les païens.

« — Vous qui êtes chrétien, nettoyez votre conscience. Vous serez plus à l'aise devant l'ennemi.

« — Soit!

« Et l'affaire étant faite au moment où l'abbé X. arrivait, venant aussi d'expédier les deux siens.

« Quelques pas plus loin, nous rencontrons une barricade.

« M. X. accapare deux des trois factionnaires. J'aperçois le troisième accroupi dans un coin, son fusil entre les jambes.

« — De quel pays êtes-vous, vous qui avez l'air d'avoir peur de vous confesser ?

« — Picard, monsieur,

« — Picard ! comment vous hésitez ! vite, mon enfant, exécutez-vous ! Et il s'exécuta.

« Par où est passé notre voiture ? Elle a rejoint la
rivière ici à côté. Pour la remonter, nous marchons sur
la berge vingt minutes en ce sens.

« — Mais, dit M. X., le pont de bateaux en amont a
été coupé. Ils ont dû se diriger sur le pont en aval.

« Et nous revenons sur nos pas.

« Bientôt nous rencontrons un bivouac d'artillerie,
gens polis, en vérité.

« — Profitez de notre installation, nous disent-ils,
elle est passable.

« Je livre incontinent à M. X., l'auteur d'une si
aimable invitation, persuadé qu'il se confessera sans
peine ; puis, m'abstrayant du bruit de leur conversa-
tion, je déterre deux dormeurs dans leurs couvertures.

« — De quel pays êtes-vous, dis-je au premier ?

« — Français malgré moi, Savoisien d'Annecy.

« — Alors, vous avez prié au tombeau de saint Fran-
çois de Sales.

« — Bien sûr !

« — Et vous vous vous êtes confessé quand ?

« — A la Pentecôte.

« — Il y a du temps, pour être en face de l'ennemi.

« Et la confession fut rafraîchie.

« — Votre pays, criai-je à l'autre ?

« — Toulousain.

« — Vous connaissez Saint-Germain ?

« — Certes, oui. J'y ai été !

« — Et vous vous êtes confessé ?

« — Au 15 août.

« — Eh bien ! recommençons.

« — Volontiers !

« Voyant que je me levais, l'abbé X. me dit à l'oreille.

« — Pas confessé le mien ! Esprit fort !

« — Par où le pont de la Marne ?

« — Un peu plus loin, bien près d'ici.

« Comme nous descendions, part de l'autre rive un formidable :

« — Qui va là ?

« — Aumônier d'ambulance ayant perdu leur voiture et cherchant le pont de bateaux, vous aussi ?

« — Vous allez y arriver.

« Nous nous rencontrons sur le pont et nous confessons, chemin faisant, l'abbé X. et moi, chacun deux soldats. Au-delà brillaient les feux d'un bivouac.

« — Qui vive ?

« — Aumônier d'ambulance.

« — Onze heures trois quarts, dit l'abbé X. Buvons vite une goutte de rhum, mais n'oublions pas nos factionnaires. Ils se garderont bien de refuser après le confort matériel, le confort spirituel.

« — Votre pays, demande à celui qu'il avait abreuvé, l'abbé X. ?

« — De Seine-et-Marne.

« — J'ai prêché vos camarades au séminaire du Saint-Esprit, il y a quelques semaines. Il y a mieux, je les ai confessés. Et vous ?

« — Je veux bien.

« Le mien était du Pas-de-Calais.

« — Mais je connais votre Artois, je l'ai parcouru, j'ai dix-huit mois habité Arras. L'Artésien est foncièrement religieux. Vous vous confessez, n'est-ce pas ?

« — Eh oui !

« Le troisième factionnaire était de Seine-et-Oise. Gagné comme les deux autres.

« — Et la route de Nogent ?

« — Vous y touchez.

« Nous l'arpentons, nâvrés d'apercevoir pendant, à

travers l'espace, une seule arche du magnifique viaduc de Mulhouse.

« Nous heurtons un groupe de soldats qui se traînent, évidemment harassés.

« — D'où venez-vous, pauvres amis ?

« — Du mont Valérien, dit l'un.

« — Plus loin que cela, dit un autre, d'Argenteuil ! Ces Prussiens, nous les avons vus ; mais il nous faut rejoindre le gros de notre régiment campé sous Villiers.

« — Ils n'osaient plus avancer. Il a fallu que je me détache du fort de Nogent pour les piloter.

« — Ah ! vous êtes marin, reprend l'abbé X. qui reconnaît le béret et l'accent ; moi j'étais officier de marine ! à nous deux ! un bon exemple à ceux que vous guidez.

« Et le marin se confesse.

« Celui-ci dit et répète :

« — Voyez-vous, il ne faut pas laisser périr la religion. Il ne faut pas que nos enfants soient des brigands.

« Entraînés, les quatre marins se confessent, l'un d'eux plus laborieusement que les autres. Il est préoccupé.

« — Dire que mon village et que ma pauvre femme sont à trois lieues d'ici ! Oh ! les Prussiens, si je les tenais !

« — Allons, faisons notre affaire, lui dis-je ; cela vous donnera du cœur pour mieux pointer.

« Et l'affaire fut faite.

« Nous gravissons la première rue de Nogent, quand retentit un nouveau — Qui vive ?

« — Aumônier d'ambulance. De quel pays êtes-vous ?

« — Alsaciens.

« — Protestants, peut-être ?

« — Tout juste ! mais pas moins bons enfants avec les curés !

« — Voulez-vous une médaille ?

« — Oh ! je n'use pas de cela, moi !

« — Eh bien ! acceptez ma carte. Quand vous passerez par le faubourg, vous viendrez me voir.

« — Justement je connais du monde par là.

« — Bonsoir.

« Sur la place de Nogent triple qui-vive ?

« — Aumôniers d'ambulance ! quel est ce poste ?

« — Mairie de Nogent.

« — Et ceux qui la gardent ?

« — Troupe de ligne.

« — Voulez-vous vous confesser ?

« Et chacun des trois factionnaires se confesse à son tour, appuyé sur son fusil.

« Nous arrivions, descendant au bois de Vincennes, à la bifurcation de la grande rue avec le chemin du Val de Plaisance : nous nous entendons appeler :

« — Où est Joinville ? Notre fourgon et nous, nous nous sommes attardés. — Il fait froid, vous devez être fatigués. Commencez par vider notre rhum et notre sucre. Nous vous indiquerons le chemin après. Nous vous connaissons. La semaine dernière encore vous nous réunissiez à la chapelle Sainte-Anne :

« — Mais au fait, pourquoi pas vous accompagner ? Nous rentrerons par Joinville.

« Déjà les douze mobiles de Saône-et-Loire, formant l'escorte du fourgon étaient confessés, chemin faisant, les charretiers comme les autres. Joinville n'apparaissait pas encore ; mais les feux scintillaient vivement au milieu des jeunes bois, à droite de la route.

« — Voici au moins une compagnie des vôtres ; merci, merci, nous nous retrouverons maintenant.

« Nous laissâmes notre convoi pour attaquer les bivouacs. Nous venions d'aviser un fiacre stationnant.

« — Êtes-vous retenu ?

« — Non. J'attends le comte R. pour régler avec lui.

« — Dans combien de temps pensez-vous être disponible ?

« — Il doit être au milieu de ses soldats. Il aura fini, je pense, dans une heure.

« Nous employâmes cette heure à nos conquêtes apostoliques.

« — Eh bien ! vous confessez-vous comme vos camarades, dis-je à un soldat que j'avais vu s'isoler.

« — Oh ! il fait trop froid pour se confesser, je cherche du bois.

« — Cherchons ensemble.

« Et je lui traîne un petit arbre que je trouvai abattu.

« Il finit par se confesser.

« — Combien en avez-vous entendu, dis-je à l'abbé X. en regagnant la voiture.

« — Trois ou quatre. Ils n'étaient pas disposés.

« — J'en ai pourtant accroché une quinzaine, et j'en ai été bien content.

« Cependant le comte de R. ne paraissait pas. Nous nous installons provisoirement dans sa voiture. Après un somme d'une demi-heure, nous nous déterminâmes à retourner à pied à Paris. Mon obstination à croire plutôt mes calculs que la boussole instinctive de l'officier de marine, nous valut le désagrément d'errer trois quarts-d'heure égarés dans le bois. Enfin nous entrons à Vincennes. Nous nous hasardâmes à demander le chemin le plus court pour aller à Paris, à la sentinelle qui gardait la mairie.

« — Au large ! au large ! fut toute sa réponse.

« C'était un honorable garde national de l'endroit.

« Aux portes, l'on fut plus poli. On laissa passer l'aumônier de Sainte-Anne, quoiqu'il eut oublié sa carte et son brassard.

« A six heures et demie du matin, nous franchissions le seuil de notre bien-aimée chapelle de la rue des Bois. »

VI

HISTOIRE D'UNE PERQUISITION

Le récit qui va suivre est authentique. Il a été trouvé dans les notes laissées par l'abbé Planchat. C'est lui-même qui le raconte. La maison Sainte-Anne ayant été l'objet de cinq perquisitions faites à différentes époques, il est impossible de reconnaître les personnages en scène. C'est un des plus beaux triomphes de notre apôtre. Nous ne pouvions le passer sous silence. Il inspirera d'ailleurs quelque indulgence pour certains hommes entraînés à des actes contraires à leurs convictions intimes et capables souvent des meilleurs sentiments.

« ....Un jour le portier accourt, effaré.

— J'en avais bien averti M. Decaux, que la fermeture de la maison avait été décrétée au club du boulevard Charonne : les voilà ! les voilà ! Deux cents hommes armés et leur chef en tête !

« L'aumônier se recommande à Dieu et va au-devant du péril.

— « Que désirez-vous de moi ?

— « Savoir pourquoi les mobiles viennent en foule ici.

— « Quand vous donnez un ordre à vos hommes, trouvez-vous mauvais qu'ils l'exécutent ? Eh bien ! j'ai été trouver les commandants des divers bataillons des mobiles, qui se sont succédé dans les baraques de nos boulevards, ils ont approuvé que leurs hommes vinssent ici. Vous avez entendu parler du brave commandant de Dampierre ? Volontiers, j'en suis sûr, vous tomberez comme lui au champ d'honneur. Eh bien, le successeur de ce héros est venu ici, mardi dernier, avec huit cents de ses hommes, assister à un service pour le comte de Dampierre. Il a ensuite visité la maison, les salles de jeux, la gymnastique. « Je suis enchanté a-t-il dit, que mes hommes viennent ici. »

— Soit, pour la journée, si ça les amuse. Mais que viennent-ils faire dans votre chapelle, dès six heures du soir ?

— Prier, chanter et entendre une conférence, au lieu de hanter les mauvais lieux. Cela plaît d'ailleurs à leurs chefs. Du reste, à peu près chaque fois, des gardes nationaux assistent à nos réunions. Ils ont pu vous répéter ce que nous avons dit.

— Si vos sermons plaisent aux chefs des mobiles, ils ne nous plaisent pas à nous. Dans vos maisons il y a une devise que l'on retrouve partout, Roi, Religion et Patrie !

— Nous avons chanté le quatre septembre, avant tout ordre, le *Domine salvam fac rempublicam*.

— Vous l'avez chanté de bouche et non de cœur. Vous chantiez bien avant le *Domine salvum fac imperatorem !*

— Comme vous, au *Te Deum* du 15 août !

Un garde national interrompit l'orateur :

— Un fusil au Curé !

— Il faut bien quelqu'un dans les ambulances pour vous soigner, si vous êtes blessé.

— Tous les séminaristes vont s'y cacher. Nous les en ferons sortir. Est-ce que nous n'avons pas nos femmes pour nous soigner ?

— En définitive, si vous n'êtes pas d'accord, vous, les sédentaires et les chefs des mobiles, tâchez de vous entendre et laissez-moi faire ma besogne.

— Je sens votre cuisine, dit un franc-tireur ; elle me paraît excellente, tandis que nous autres, nous ne mangerons que la soupe à l'ail.

— Mon Dieu, si je me permettais de violer votre domicile, j'y trouverais sans doute l'équivalent du ragoût de cheval qui vous tente. En tout cas, si vous mangez mal, vous buvez bien, je m'en aperçois.

— Taisez-vous, dit le chef au franc-tireur qui l'avait interrompu ; et vous, abbé Planchat, sachez que nous ne reconnaissons ni le général Trochu, ni les chefs de ces mobiles.

— Qui donc est le gouvernement ?

— C'est nous, dit un garde national pris de boisson, qui avait peine à se tenir sur ses jambes.

— Votre gouvernement étant très-chancelant, je ne reçois point ses ordres.

Là dessus, je fermai résolument ma porte au nez du chef, qui avait paru perdre contenance au mot de violation de domicile. Il se retira avec une douzaine de baïonnettes, le reste des deux cents l'ayant abandonné.

Le lendemain j'appris que notre officier qui, ne vivait pas en état régulier, devait, le lendemain, se marier à la mairie. Je me souvins aussi que, sur sa demande, deux ans auparavant, j'avais fait admettre chez les frères, son fils âgé de dix ans.

Le mardi matin, à l'aube du jour, j'étais chez mon persécuteur.

— Vous me permettez d'entrer ? car je ne voudrais pas violer votre domicile. Vous avez voulu me rendre hier un mauvais service; moi, je veux vous en rendre un bon. Vous vous mariez aujourd'hui à la mairie. C'est bien à vous: mais peut-être n'avez-vous pas pensé à l'Eglise. Je viens vous offrir ma chapelle pour ce soir. J'obtiendrai toutes les permissions.

— Monsieur l'abbé, si je suis venu hier chez vous, c'est que l'on m'y a poussé. J'ai été baptisé: j'ai fait ma première communion. Ce que je sais, je le dois aux frères. Vous voyez que je ne suis pas si noir que vous croyez. J'accepte votre offre.

— « Me donnez-vous votre parole ?

— « De grand cœur.

« En effet le mercredi 9 novembre, à six heures du soir je mariais ce brave homme à ma chapelle, et sa femme venait communier à ma messe le lendemain. »

VII

LA CAPTIVITÉ

Non loin de cette chapelle dédiée à la patronne de la Bretagne, où, avant d'aller verser leur sang pour le salut de la patrie, les jeunes soldats de ce pays étaient si heureux de venir prier, non loin de la tranquille maison du Seigneur où le pauvre abbé Planchat ne faisait que prier, bénir et pardonner, sur le boulevard de Charonne, il y avait un club.

Un club, avec ses haines, ses rages, ses mensonges et ses blasphèmes !

Un club, dont les meneurs, au lieu d'aller repousser les Prussiens, ne songeaient qu'à chasser les frères de leurs écoles, les sœurs de charité de leurs hôpitaux ; et dont les fusils, s'ils en avaient, n'ont jamais tiré que sur les prêtres !

Ils attendirent le moment, qui ne pouvait tarder, où ils auraient la force. Le 18 mars, au moment où l'insurrection maitresse de la ville, s'emparait de tous les pouvoirs publics, nos sectaires triomphants ne dédaignèrent pas d'exercer aussitôt un commencement de représailles, sur la petite œuvre de la rue des Bois.

4

Une bande d'insurgés faisait irruption dans la maison Sainte-Anne, pour y saisir 4.000 chassepots. Ils fouillèrent la maison du haut en bas, jusque dans le sable du gymnase qu'ils retournèrent à fond.

Dix jours après, mardi 28 mars, un délégué du 74e bataillon des fédérés fait cerner la maison et demande à voir la correspondance de l'aumônier, pour y saisir une lettre venant de Versailles. Cette perquisition n'est pas plus heureuse que la première. La correspondance inoffensive du pauvre abbé Planchat ne pouvait le compromettre. Le délégué ne trouvant point ce qu'il est venu chercher, se retire.

Ces poursuites persistantes (la maison Sainte-Anne a subi cinq perquisitions) étaient menaçantes. Elles auraient dû suggérer à l'abbé Planchat quelques mesures de prudence et l'engager, au moins momentanément, à modérer l'activité de son zèle. Il n'en eut pas seulement la pensée. La retraite pascale des apprentis et des jeunes ouvriers approchait. Il s'appliqua à sa préparation comme en temps ordinaire, cherchant des prédicateurs et des confesseurs ; poursuivant les enfants déserteurs pour les ramener au bercail du patronage, visitant leurs familles à tous, afin de les décider à accompagner leurs enfants à la retraite. Absolument étranger aux passions politiques qui bouillonnaient dans la population de ces quartiers, il ne pensait qu'à faire faire le mieux possible leurs Pâques à ses enfants. La retraite du Patronage commence donc, selon l'usage, le dimanche des Rameaux, 2 avril, et se continue chaque soir les lundi, mardi et mercredi saints. La chapelle est remplie par un auditoire recueilli. Cependant, au dehors, la situation devenait des plus graves. Dès la veille du dimanche des Rameaux, l'arrestation des prêtres avait commencé. Plusieurs curés, Mgr l'archevêque et ses vicaires-généraux avaient été incarcérés pendant les premiers jours de la semaine sainte. Le jeudi saint, 6 avril, un avis officieux parvint à la maison Sainte-Anne, pour avertir l'abbé Planchat qu'une arrestation allait y être opérée. Les prêtres, ses coopérateurs, l'engagèrent à se retirer le jour même, dans une localité voisine où on lui offrait un asile. Il refuse, ayant donné rendez-vous, dit-il, à deux personnes pour les confesser. Vers deux heures de l'après-midi, au moment où il est en train de distribuer aux mères des enfants qui allaient faire leur première communion, les objets de vêtements qui leur manquaient pour la cérémonie, un commissaire de la commune se présente, le revolver au poing, suivi de son secrétaire également armé. La maison est cernée. On arrête l'abbé Planchat, qui est emmené par le secrétaire en bourgeois, le revolver chargé dans la poche, à tout événement. Le directeur laïque du Patronage Sainte-Anne est arrêté en même temps, et conduit entre trois gardes nationaux au poste de la rue des Amandiers. Après quatre heures de détention, il est relâché. L'abbé Planchat est conduit rue des Cendriers, au bureau du commissaire. Là, il subit un interrogatoire en règle. Puis, on le mène à la mairie du 20ᵉ arrondissement, au milieu de gardes nationaux. Arrêté le soir du jeudi saint, il reçoit pendant ce trajet, comme son divin maître, mille outrages des gens du quartier, hommes, femmes et enfants, hurlant après celui qui ne leur avait fait que du bien. Un enfant, dit-on, le frappa même avec un bâton. La pauvre victime, dont le long martyre commençait, ne répond pas et marche la tête baissée, au milieu des injures, priant sans doute pour ses bourreaux. A la mairie, on l'enferme dans une petite salle infecte et humide auprès du poste. C'est là qu'il passe une partie de cette nuit douloureuse, grelottant de froid et ne pouvant prendre de repos. Cependant l'officier, par pitié, le fait entrer dans le corps-de-garde. Le saint prêtre ne fut pas sans y recevoir encore d'autres outrages ; mais il dut bénir ce trait de conformité avec son divin Maître. Peut-être lui fut-il possible de dire son bréviaire. Nul doute qu'il ne trouva, dans les prières de l'Église, et dans les applications de la sainte Écriture, une puissante consolation. Le lendemain matin, le concierge du Patronage lui apporte un manteau et quelque nourriture. On arrête aussitôt ce brave homme. Tous deux sont conduits, vers dix heures du matin, au poste de la rue des Amandiers. Pendant la route, nouvelles insultes de la populace. Une femme s'écrie : — Qu'on le fusille donc ! Ce sont ces gens-là qui nous vendent et nous trahissent. Un enfant lui jette de la boue. C'était le vendredi saint. Arrivés au poste, ils entendent dire qu'on va les emmener à la Préfecture de Police. L'abbé Planchat demande la faveur d'y être conduit en voiture. On la lui accorde. Un garde va chercher un fiacre. L'abbé Planchat, le concierge et un garde y montent. La voiture, escortée par un piquet de gardes nationaux, va au pas.

On arrive ainsi au dépôt de la préfecture. L'abbé Planchat est écroué dans une grande pièce, où sont enfermés déjà vingt-cinq prêtres. Tous ont été arrêtés pendant cette semaine, sainte entre toutes, spécialement choisie par la Commune, pour accomplir l'une des parties de son programme qu'elle avait le plus à cœur, la profanation des Églises et l'arrestation des prêtres. Ceux-ci seront presque tous compagnons de son martyre. A peine arrivé, il se confesse au Père Chauveau, de la rue des Postes. Seul, il possède un bréviaire. Les autres prêtres n'ont pas eu le temps d'emporter le leur ; le sien est aussitôt mis à leur disposition. C'est une grande consolation pour eux ; c'en est une, non moins grande, pour l'abbé Planchat, de pouvoir, dans sa situation, accomplir envers ses confrères encore une œuvre de charité. Mais à peine a-t-il passé quelques heures au milieu d'eux, qu'un gardien de la prison vient le chercher pour le mettre en cellule. Nouvelle épreuve pour cette âme expansive, et peine véritable pour ces bons prêtres qui ont vite apprécié l'apôtre populaire. Mais très-peu de temps après cette séparation le bréviaire revient. L'abbé Planchat n'en a plus besoin. Accoutumé à dire son bréviaire par les rues, bien souvent avant le jour ou la nuit tombée, il sait par cœur une grande partie des psaumes ; il lui a suffi de prendre quelques notes. Il a copié ce qu'il ne sait pas et peut se passer, pendant plusieurs jours, du saint livre. Les prisonniers touchés de sa charité, émus de sa pauvreté qui se révèle autant par la vétusté de son bréviaire que par tout son extérieur, s'empressent de lui faire dire qu'ils mettent leur bourse à sa disposition. L'abbé Planchat refuse pour lui-même, accoutumé à s'oublier, il ne pense qu'à ses confrères de Sainte-Anne que son absence laisse au dépourvu. Il accepte pour eux.

La cellule où l'on vient de l'enfermer ne mesure que deux mètres soixante sur cinq environ. Une fenêtre élevée, munie d'une grille, laisse à peine entrer le jour. Le lit en fer est sans draps et fixé à la muraille, ainsi qu'un tabouret et une petite crédence qui tient lieu de table. Un trou de latrines est placé dans un angle ; et le mobilier se complète par une cuvette en terre, deux balais et un bidon de fer-blanc. Au lever du jour un gardien entre pour éteindre le gaz, enlever les balayures et apporter de l'eau. Vers sept heures, on passe par le guichet un pain de munition ; à huit heures on apporte un bouillon ; à trois heures, une portion de viande ou de légumes.

Tel est le régime du dépôt : tel fut celui de l'abbé Planchat et de ses compagnons jusqu'au 13 avril, jeudi de Pâques.

Ce jour-là, un peu après midi, on vint avertir les otages qu'ils allaient être transportés à Mazas, et on les fit sortir de leurs cellules et attendre dans un grand couloir où ils se trouvèrent tous réunis. Parmi eux on comptait vingt-cinq ecclésiastiques en costume, sauf trois ou quatre. Ils eurent tous le loisir de s'entretenir de leur situation, et du plus ou moins de chance de salut que pouvait leur offrir leur changement de prison. Après une heure d'attente, on vint dire que les voitures n'étaient pas prêtes. Ils durent rentrer dans leurs cellules. Vers trois heures, on les en fit sortir. En descendant dans la cour, ils trouvèrent des gardes nationaux l'arme au bras. On les fait monter aussitôt dans les voitures cellulaires, la plus grande humiliation, disent les otages, qu'ils eurent à subir pendant leur captivité. Chaque prisonnier est enfermé à clé dans une case où il ne peut se mouvoir; on y manque d'air à suffoquer. Par un raffinement de barbarie, on les laisse enfermés pendant près d'une demi-heure sans ouvrir les vasistas, malgré leurs plaintes et leurs prières. Plusieurs faillirent étouffer.

On arrive à Mazas. Une double ligne de soldats fédérés borde le pourtour de la cour à franchir, avant d'arriver au vestibule de la prison. Là commence toute une série de pénibles formalités. D'abord on écroue successivement les prisonniers dans des cellules d'attente. On les y laisse une heure. On les introduit ensuite dans d'autres cellules, également provisoires, dont une des portes donne sur le bureau principal. Ces portes s'ouvrent enfin, et les prisonniers se trouvent en face de trois employés, qui leur demandent leurs noms, prénoms, etc. On les fait passer dans un autre bureau, où l'on inscrit les objets dont ils sont porteurs. Enfin on les introduit dans leurs cellules définitives. Celles-ci, paraît-il, ne diffèrent guère de celles du dépôt. L'ordinaire des repas

est le même, ainsi que le règlement intérieur. Toutes
les mesures sont prises pour que les prisonniers ne
puissent recevoir aucunes nouvelles, entendre rien du
dehors et même apercevoir leurs co-détenus. Une bibliothèque assez bien choisie, est mise à leur disposition.
Une heure de promenade solitaire dans une petite cour,
sous l'œil des gardiens, leur est accordée. L'abbé Planchat occupait la cellule 11 de la 3ᵉ section. Sa détention s'y prolongea trente-huit jours. On peut aisément
se figurer tout ce que dut souffrir cette nature ardente,
habituée à la plus vive expansion, à la plus dévorante
activité. Quel changement de vie! La consolation de
dire la sainte messe fut impitoyablement refusée à tous
ces prêtres, quoiqu'une chapelle à l'intérieur de la prison leur offrît toute facilité, et, à l'administration de la
prison toute garantie. Ils étaient réduits à en réciter
les prières. Le dimanche, nous disait en souriant un
des otages sauvés, à cause de la solennité, je chantais le
Credo! Quelque facilité était accordée pour faire parvenir du dehors des aliments aux prisonniers. On en pro-
fita pour leur procurer la sainte communion. Nous
pensons qu'à Mazas, à cause de l'impossibilité où se
trouvaient les prisonniers de communiquer entre eux,
cette précieuse faveur ne fut accordée qu'aux RR. PP.
jésuites. Les traitements du directeur et des gardiens
à l'égard des otages, laissèrent beaucoup à désirer.
Qu'on en juge par la réponse de Monseigneur l'archevêque de Paris, à un des rares visiteurs qui obtinrent
la faveur de pénétrer jusqu'à lui.

— On m'a assuré, Monseigneur, disait-il, que vous n'a-
vez qu'à vous louer des procédés que l'on a pour vous
dans cette prison.

— Oh! monsieur, répondit le prélat, dont la mansuétude était pourtant si parfaite, j'ai dit seulement que
je ne voulais me plaindre de personne.

La plús profonde résignation, une douceur vraiment
céleste émanent de toutes les paroles, de tous les actes
de ces saintes victimes. Toutes les heures anxieuses de
leur détention, ils les employaient à la prière, aux
pieuses lectures, aux saints exercices d'une retraite. Ils
se préparaient ainsi tranquillement à la fin tragique
dont ils se savaient menacés. Nous les verrons bientôt
marcher à la mort comme à un des devoirs ordinaires de
leur ministère, comme s'il se fut agi d'aller dire la sainte
messe, faire une classe de collége ou administrer les
sacrements, avec la même simplicité, avec le même
calme. L'histoire ecclésiastique ne nous offre rien de
plus grand.

L'abbé Planchat subit l'épreuve de cette douloureuse
captivité, dans des dispositions non moins saintes que
celles de ses compagnons. La fatigue écrasante de cette
réclusion affaiblira son corps et brisera son cerveau
plus aisément qu'elle ne refroidira son amour pour les
âmes. Il pense constamment à ses malades et à ses enfants, à sa première communion délaissée. Du fond de
sa prison, il envoie des billets à diverses personnes charitables, à des pauvres, à des enfants, où son cœur
s'ouvre avec sa simplicité ordinaire. Le combat de l'a-
pôtre qui essaie de se résigner et que torturent les besoins des âmes, bien plus que ses propres souffrances,
est admirable.

« Priez, priez beaucoup les uns et les autres pour
que je profite de l'épreuve, écrit-il dans un billet daté
de Mazas le 25 avril. Si je savais pendant cette retraite
forcée, réfléchir devant Dieu aux moyens de me rendre
un peu moins brusque, un peu moins inutile à ceux
qui me demandent aide et conseil, ce temps n'aurait été
perdu ponr personne. Si quelque chose peut me le faire
trouver long, c'est la pensée que l'on s'inquiète de moi,

et que mes pauvres malades désirent ma visite ; mes bons apprentis, leur première communion. C'est dimanche prochain la fête de la protection de Saint-Joseph. Obtenez de lui qu'il me délivre pour vous autres, si telle est la volonté de Dieu... »

Dans une autre lettre du 30 avril, fête de la protection de saint Joseph, adressée à une pauvre dame dont il avait visité le fils pendant sa maladie, presque chaque jour, c'est toujours la même préoccupation du bien spirituel des âmes, la même bonté de cœur et peut-être une mansuétude plus tendre et plus sentie.

« Je ne puis tarder un instant à vous dire combien je suis touché de votre souvenir compatissant. Votre carte, apportée par vous-même, me dit assez combien vous eussiez désiré me voir. Mon frère lui-même n'a pu y parvenir. Prions Dieu pour que la guerre civile cesse au plus tôt. C'est certes la plus cruelle de toutes les séparations. Je ne puis pas dire que je ne souffre point d'être arraché à mes malades, à mes apprentis, à mes pauvres, aux consolations de mon ministère.

« Mais ce qui me prouve que tous ceux à qui je pense prient pour moi, c'est que je me résigne, ne récrimine contre personne et demande la lumière pour ceux qui s'imagineraient que je pense à autre chose qu'à faire un peu de bien à ceux qui souffrent.

« Demandez les mêmes grâces par saint Joseph, vous et votre cher malade. Réservez, je vous en prie, puisque je ne saurais lui en porter moi-même, réservez pour lui, je vous en serai vivement reconnaissant, les douceurs dont vous auriez encore à disposer pour moi.

« J'ai écrit dès les premiers jours de ma captivité à un bon vicaire de Sainte-Marguerite, à l'abbé G., mon condisciple du séminaire, pour le supplier d'aller visiter notre cher malade. Je ne doute pas qu'il ne l'ait déjà consolé plusieurs fois. Dites à ce cher ami, que j'ai chaque jour pour lui une prière et un souvenir particulier.

En date du 8 mai,

Mon cher ami,

« Vous êtes donc venu vous-même à Mazas, puisque votre carte accompagnait les douceurs que m'a fait passer votre amitié. Dieu soit béni ! Les forces vous reviennent. Je prierai tant la sainte Vierge pour vous, pendant son mois, comme vous le faites de votre côté, j'en suis sûr, que l'occupation reviendra aussi à votre bonne mère et à vous.

« Merci, cher ami, de vos souvenirs. Le frais bouquet des champs aurait suffi. Son odeur n'est pas trop forte pour mon étroite cellule, même la nuit. Soignez-vous, cher ami, ne faites pas d'imprudence. Donnez-moi de vos nouvelles et de celles de votre bonne mère, par une lettre confiée à la poste. Dites-moi, ami, si vous êtes entré en connaissance avec cet excellent abbé G., du moins pour vos Pâques, etc.

Mazas, 8 mai.

« C'est les larmes aux yeux que j'ai lu hier votre billet de samedi. Je venais de lire les premières vêpres de l'apparition de saint Michel. Je me suis senti tout de suite l'inspiration de mettre la première communion et chacun de ceux que vous préparez si courageusement à la faire, sous la protection du chef de tous les anges et de leur bon ange à chacun. J'aimerais que d'ici à la première communion, à chaque catéchisme, on dît un « Je vous salue Marie, » avec les invocations : « Saint Michel, priez pour nous ; saints anges gardiens, priez pour nous, » en union avec la neuvaine que j'ai commencée hier, pour la première communion de l'Ascension. Peut-être, après le dîner, devant la sainte Vierge de notre mois de Marie, vous pourrez chaque jour dire la même prière. Si, là et au catéchisme, on avait une intention pour ma délivrance, ce serait bien charitable. J'ai fait d'avance hier, entre les mains de la très-sainte Vierge, le sacrifice de ma présence à la première communion, si ce sacrifice peut être utile à la préparation de nos chers enfants et de leurs parents. Si le bon Dieu voyait, lui, quelque utilité à ma présence à Sainte-Anne, en ce beau jour, il saurait bien la procurer en échange de vos prières. Je vous avoue que je l'en remercierais du fond de l'âme, et oublierais en ce moment toutes les peines du passé, toutes les préoccupations de l'avenir.... Comment ferez-vous pour la confirmation ? Mgr Buquet, s'il est à Paris, doit avoir fort à faire. Le plus simple serait, peut-être, de vous proposer celle de la paroisse. L'absence des pensions doit y laisser de la place. A défaut de Charonne, on vous recevrait là où se ferait une confirmation, dans les jours qui suivront l'Ascension. Il y a si peu d'ouvrage que les apprentis non confirmés, seraient presque aussi libres pour accompagner les premiers communiants que le dimanche, en d'autres temps.

Merci au bon P. L... pour son cordial concours. Quant à vous, je ne vous remercie pas, j'en aurais trop à dire, mais je prie double pour vous, sans oublier, etc.

Mazas, 12 mai.

« ..... Il y aurait aussi à voir s'il reste assez de chapelets pour tous les enfants ; car pour les enfants, comme pour moi, les prières ne furent jamais plus nécessaires. S'il manquait de chapelets, M. Alcan, n° 11, rue d'Assas, ne se refuserait pas d'en donner en considération de ma captivité... Je suis plein d'espoir que la sainte Vierge bénira vos généreux efforts pour cette première communion, qui se fait pendant son mois; je prie pour cela, priez pour moi ; je ne me décourage pas, mais ma pauvre tête se fatigue.... »

Chaque mot de ces courts billets, voilés de tristesse, pénètre le lecteur d'attendrissement. On croit entendre les soupirs du pauvre prisonnier, si résigné à la volonté de Dieu et si ému de tendresse pour les âmes, qu'on y sent plutôt une prière qu'une plainte. Tout y respire l'amour de Jésus, et des âmes des petits enfants qu'il a préparées pour le recevoir. Les détails de cette première communion sont l'objet de ses préoccupations constantes. C'est pour elle qu'il prie, qu'il souffre, qu'il se résigne et qu'il espère ou qu'il accepte le suprême sacrifice. Elle est la pensée habituelle de ses tristes journées et de ses longues nuits. Elle ne le quittera qu'à la mort. Tant que son cœur battra dans sa poitrine, jusqu'à la dernière seconde où son être perdra le sentiment de cette vie; que dis-je, jusqu'au trône de Dieu même, où son âme montera triomphante de la boue sanglante de la rue Haxo, il priera pour ses pauvres petits apprentis de Sainte-Anne, pour sa première communion !

Mazas, 13 mai.

« Je vous annonce en hâte que M. l'abbé H., de Nazareth, sera à Sainte-Anne une partie du jour (vous saurez au patronage l'heure précise), lundi et mardi prochain, à l'occasion de la Retraite de première communion. Excellente occasion pour vous : 1º de faire vos Pâques ou de communier pour la grande fête de l'Ascension; 2º de remercier un ancien bienfaiteur de votre bonne mère.

« Je ne puis pas dire que je sois malade; mais les nuits sont bien coupées, bien agitées. La tête se cercle ;

les nerfs s'agacent. Cette vie est si opposée à mon tempérament, si étouffante pour mon cœur! Priez, priez
bien la sainte Vierge. S'il lui plaisait de me délivrer
pour la première communion de mes enfants! Je ne
veux, du reste, que ce que Dieu veut, trop heureux de
lui faire un sacrifice de plus!»

Mazas, 13 mai.

« ...... Pardon de tant de détails sur ma nourriture.
Cela m'ennuie bien. C'est par conscience que je le fais,
d'autant plus que ma vie, la liberté de ma tête, ce n'est
pas tout cela; c'est le mouvement, le grand air, la
parole, la vie du cœur et le ministère de mes chers
pauvres, de mes chers malades, de nos chers enfants,
en un mot, tout ce qui me manquera toujours en
prison... »

Les commentaires ne peuvent qu'affaiblir ces pages
admirables. Elles respirent comme un parfum du ciel
qui va s'ouvrir dans quelques jours sur cette âme, dont
la charité grandit à mesure que le terme de l'épreuve
'approche, ainsi que le témoigne la lettre suivante qu'il
faut citer tout entière, la dernière, sans doute, écrite de
Mazas.

Mazas, 3ᵉ division, n° 11. — 19 mai 1871.

Mademoiselle,

« Je ne sais comment le temps s'est écoulé depuis
mon incarcération du 6 avril, sans que j'aie songé à réclamer vos bonnes prières et celles des âmes pieuses que
vous connaissez. Du reste, le moment le plus important
pour cela est venu, puisque la Commune s'occupe tout
juste à cette heure, non de la libération, mais de l'exécution des prêtres.

« Et peut-être je vous eusse encore oubliée, si ma pauvre mère, qui se donne pour moi tout le mouvement possible, craignant, avec juste raison, comme je crains moi-même, tout en m'abandonnant à Dieu et à Marie, ne m'avait annoncé une triste nouvelle, la mort de ce bon M. P.

« Elle m'a dit qu'elle croyait ces dames à Grenelle. Moi j'ai cru comprendre, quand je vous ai vue l'hiver dernier à Sainte-Anne, qu'elles habitaient le Marais, où elles avaient une ambulance. Dans le doute, je m'adresse à vous pour leur présenter, soit de vive voix, soit en leur transmettant cette lettre, l'expression de la part vive, mais bien vive, que je prends à leur peine. J'ai l'intime conviction que M. P. sera mort en bon chrétien ; cette âme était trop noble, trop droite pour que les prières et les bonnes œuvres, depuis si longtemps accumulées par ces dames à son intention n'aient pas obtenu, au moins à la dernière heure, la rupture du bandeau de préjugés qui pouvait couvrir les yeux d'un homme de bonne foi.

« En tout cas, je me serais fait un devoir, un bonheur de dire plusieurs messes pour cette chère âme. Hélas ! Je n'ai pu ni célébrer, ni entendre une messe, ni me confesser depuis le Jeudi-Saint ! J'offre à Dieu, de mon mieux, cette souffrance, la plus grande de toutes. Je l'offre en partie pour l'âme de M. P., depuis que je la sais devant Dieu. J'y joindrai, je ne dis pas quelques prières spéciales, mais l'intention de plusieurs de celles que j'ai mises dans mon règlement de prières, règlement plus ou moins bien suivi. Je ne puis guère charger davantage ma pauvre tête, qu'agace le régime cellulaire.

« Je n'oublie pas non plus vos bonnes œuvres. Vous pensez, j'en suis sûr, à mon pauvre patronage. Priez tout particulièrement pour la première communion de Pâques. J'avais cru faire merveille en la remettant au jeudi de Quasimodo, afin de diminuer l'entassement des choses. On m'avait écrit, il y a dixhuit jours, récrit de nouveau le 12, que tout se préparait pour l'Ascension. Ma mère m'apprend hier que la prudence n'a permis de rien faire. Je suis si peu avancé dans la sainte indifférence, que cette nouvelle m'a donné un coup. Me voilà, il me semble, remis, malgré ma mauvaise nuit.

« J'ai trois fois besoin de prières pour me tenir prêt à recevoir le coup de grâce qui peut venir, et sans avis préalable, et sans confession ; pour me maintenir dans l'amitié de Dieu, par le seul secours direct de sa grâce ; pour ne pas perdre par les lâchetés, hélas! trop fréquentes, de ma misérable volonté, le mérite de cette croix bénie, envoyée par Dieu pour mon bien et pour celui de mes chères ouailles.

Votre très-reconnaissant serviteur,
L'abbé PLANCHAT.

Toute l'âme, toute la vie de l'abbé Planchat est dans cette lettre. Il a la certitude de sa mort prochaine, et il se met en quête de prières à son intention, comme il avait du reste l'habitude de faire pour toutes les âmes qui l'intéressaient. Il avait fait imprimer des lettres qu'il envoyait à toutes les communautés, à l'approche de ses premières communions ou de ses retraites. Il fait la même chose, cette fois, pour lui-même, à l'approche de ce qu'il appelle d'une manière si touchante le coup de grâce. Son supplice a commencé, en effet, le jour de son arrestation, en l'arrachant à ses œuvres les plus chères, à ce moment de Pâques, décisif pour le salut d'un grand nombre. Il a donc pris la plume pour demander à une personne pieuse, en laquelle il a grande confiance, des prières pour lui ; et, dès les premières lignes, il ne pense plus qu'à envoyer des consolations à des âmes affligées. A mesure qu'il avance dans sa lettre, il perd de vue de plus en plus son objet principal. Il finit par substituer ses enfants et leur première communion à lui-même, et il termine par l'offrande de sa mort à leur intention. Chaque mot a un sens admirable dans cette lettre si sacerdotale, si apostolique. Elle exhale, en même temps que la pénétrante odeur de la plus ardente charité, le parfum plus rare et plus suave encore de la plus sincère humilité. Ce baptême de sang qu'il s'attend à recevoir inopinément, ne le rassure pas sur les fragilités de sa nature. Cependant il ne peut ignorer, qu'immolé en haine du Christ et de son Église, c'est la couronne au front et la palme à la main qu'il va monter au ciel. Merveilleux aveuglement des saints ! Éblouis par la splendeur des perfections de Dieu, ils oublient ses miséricordes, et devant leurs imperfections, ils s'épouvantent. Ces quelques lignes de l'abbé Planchat nous initient à ses dispositions intérieures et à ses progrès spirituels pendant sa détention, autant que tous les récits circonstanciés que nous aurions pu désirer.

VIII

L'AGONIE

L'arrestation de l'abbé Planchat produisit une vive émotion dans la population de Charonne et des faubourgs voisins. Une pétition pour sa délivrance adressée à la Commune, se couvrit rapidement de trois cents signatures. Il va sans dire qu'elle demeura sans résultats. Des démarches particulières auprès du président du gouvernement de l'Hôtel-de-Ville, qui, du reste, les accueillit favorablement, en protestant même contre la violation de la liberté de conscience et de la liberté individuelle, n'eurent pas plus de succès. Plus les instances étaient pressantes et nombreuses pour la délivrance d'un otage, plus l'attention des féroces proscripteurs des prêtres était attirée sur lui, et moins il lui restait de chances de salut. Plusieurs ont pu être sauvés, précisément parce qu'ils se sont fait oublier. Les démarches en faveur du pauvre abbé, de quelque nature qu'elles fussent, n'ont donc fait qu'aggraver sa situation. En même temps que des tentatives publiques de délivrance avaient lieu, des témoignages personnels de dévouement venaient le consoler dans sa dure captivité.

De pauvres femmes faisaient chaque jour le pèlerinage de Mazas, et se privaient du nécessaire pour adoucir en sa faveur le régime de la prison. Ces marques de reconnaissance n'étaient pas sans courage, en un temps où l'arrestation arbitraire et la dénonciation étaient proclamées, tout à la fois, le droit et le devoir des citoyens. L'abbé Planchat fut donc loin d'être délaissé. Je ne sais même si aucun de ses compagnons de souffrance a reçu un témoignage de souvenir plus délicat, que celui cité dans une de ses lettres, l'envoi de ce bouquet de fleurs des champs par cet enfant du patronage, essayant d'égayer avec cet hommage gracieux, le seul qu'il put lui offrir, la sombre cellule du cher prisonnier !

Mme Planchat, à la première nouvelle de l'incarcération de son fils, était accourue en hâte à Paris. A force d'instances, d'importunité et de courageuse audace, elle parvint à se faire écouter des autocratiques fonctionnaires de la Commune. Elle leur avait arraché la permission de voir l'abbé Planchat, pour ainsi dire tous les jours. Elle n'en usa qu'avec mesure. Cette mère véritablement chrétienne, craignit d'affaiblir le courage de son fils par des visites trop fréquentes. C'est par ses démarches multipliées au dehors, qu'elle préfère lui témoigner son dévouement maternel. Elle a trouvé l'abbé Planchat accablé par la torture d'une réclusion, si contraire à son tempérament et à ses habitudes. Douée d'une force d'âme et d'une foi vive qui ne sont plus de notre temps, cette mère, si digne d'un tel fils, lui adressait ces admirables paroles ;

« — Souvenez-vous qu'au collège, on vous avait surnommé le petit Saint-Vincent de Paul. Comme lui vous portez des chaînes qui ne vous étaient pas destinées (1) ;

(1) Madame Planchat se trompait. L'arrestation de l'abbé Planchat aurait eu lieu comme celle de tous les prêtres qui se dé-

si vous avez imité sa charité, prenez-le pour votre modèle jusqu'au bout et ayez son courage! »

Le médecin de Mazas, M. de Beauvais, remit à
Mme Planchat un certificat qui attestait l'état grave de
son fils, et l'urgente nécessité de le faire transporter
dans une maison de santé. A ce certificat elle joignit
une supplique qu'elle envoya au citoyen Protot, membre
de la Commune, délégué à la Justice. A une nouvelle
entrevue qu'elle eut avec l'abbé Planchat, elle le trouva
opposé à son transfert hors de Mazas. Il s'imaginait qu'il
y serait plus tôt libre que dans une maison de santé, où,
pensait-il, il courait risque d'être oublié. Toujours l'idée
des Pâques compromises et des premières communions
de ses enfants ajournées, le poursuivait. Il pouvait être
relâché d'un moment à l'autre. Madame Planchat ne se
faisait pas ces illusions. Son instinct maternel l'éclairait
sur le danger que courait son fils.

— Je sais bien, disait-elle, en sortant de le voir, que
mon fils ne quittera la prison que pour aller au ciel;
mais je l'offre à Dieu, et suis heureuse d'être la mère d'un
martyr.

Malgré cette conviction elle continue ses actives démarches. Ne recevant pas de nouvelles de sa lettre au
citoyen Protot, elle se résout à l'aller voir. Après avoir
longuement attendu dans les salons du ministère de la
justice, qu'elle avait fréquentés souvent du vivant de
son mari et dans des circonstances bien différentes, on
finit par l'introduire auprès du délégué, qui reçut en
casquette et le cigare à la bouche, cette femme double-
ment respectable par l'âge et le malheur.

— Ah ! je sais ! vous venez réclamer votre calotin de
fils, s'écria Protot, avec l'insolence particulière des fonc-

vouaient à l'Œuvre de Sainte-Anne, si le commissaire de la
Commune les y eut trouvés.

tionnaires de la République démocratique et sociale.

— Oui, citoyen ! il est prêtre, c'est vrai, mais c'est un bon républicain.

— Comment cela ? continua le délégué toujours fumant.

— Avez-vous rencontré dans Paris un petit prêtre, au chapeau rougi, à la soutane râpée, aux souliers troués, la ceinture nouée autour du corps, portant sous le bras de petits livres et des médailles qu'il distribue à tout le monde, très-pauvre parce qu'il donne tout aux pauvres, n'allant chez les riches que pour y chercher des aumônes, parcourant par tous les temps, les plus lointains faubourgs, grimpant dans tous les greniers, visitant les malades, secourant les misères les plus délaissées ? Citoyen, si vous avez rencontré ce prêtre là, eh bien, c'est mon fils !

— Les prêtres ! nous ne leur voulons pas de mal. Qu'ils s'en aillent et qu'ils nous laissent élever tranquillement la jeunesse comme nous l'entendons, faire des hommes en un mot, au lieu de les abrutir avec les superstitions et les absurdités de leur religion.

— Permettez-moi de vous demander, citoyen délégué, comment vous comptez former la jeunesse républicaine, quand vous vous serez débarrassés des prêtres,

— Nous ouvrirons des écoles où les enfants apprendront les mathématiques, l'algèbre, la chimie, la physique, l'astronomie, etc., etc.

— Je vous approuve, citoyen. Cependant je vous engage à ajouter à toutes ces sciences admirables un petit livre, qui apprendra aussi à nos enfants à obéir aux lois de la République ; autrement, quands ils seront grands, ils pourraient bien travailler à la renverser. Or, le meilleur livre qui apprenne aux enfants l'obéissance aux lois de leur pays, c'est le catéchisme.

— Taisez-vous, vieille folle ! et dépêchez-vous de vous en aller, ou je vous fais arrêter.

— Vous allez d'abord me donner un ordre pour le directeur de Mazas, de faire transférer mon fils dans une maison de santé. Vous avez entre les mains le certificat du médecin de la prison qui le réclame d'urgence !

— Ceci ne me regarde pas, mais le comité de sûreté générale.

— Je vous demande pardon. Si je réclamais la mise en liberté immédiate de mon fils, vous auriez raison de me renvoyer à la sûreté ! mais il ne s'agit que d'un changement de prison, instamment demandé par le médecin. Vous ne pouvez pas vous y opposer.

— Vous êtes une mère terrible ; tenez, voici l'ordre que vous voulez. Allez-vous en chercher votre fils, et ne me parlez plus de ce calotin-là !

Tel fut l'entretien, à peu près mot pour mot, de cette mère avec l'homme, qui représentait dans le gouvernement nouveau, cette grande et sainte chose, sans laquelle toute liberté n'est qu'un mot, la Justice !

Dieu qui avait ses desseins sur son serviteur, le trouvait sans doute mûr pour le ciel, car il permit que cet ordre, qui l'eût sauvé, ne pût arriver à temps. Quand la pauvre mère se présenta à la prison avec le papier de Protot, les otages avaient évacué Mazas. Ils étaient à la Roquette. L'armée de Versailles pénétrait dans Paris. La guerre des rues était allumée de toutes parts. De formidables barricades interceptaient la circulation. Mme Planchat essaya de les franchir. Malgré son courage, sa constance, son désespoir, elle ne put y parvenir. Les mouvements rapides des troupes coupèrent toute communication avec les faubourgs insurgés. Sur la place de la Bastille, Mme Planchat fut saisie par les soldats, qui se méprirent sur son exaspération et l'arrêtèrent. Quand elle sortit de prison, son fils était martyr, et Paris, délivré !

A ceux qui veulent la consoler et la plaindre, elle répond :

— La mort de mon fils, un malheur! mais c'est un honneur qu'il faut dire? Je ne pouvais ambitionner pour lui, ni pour moi une plus belle récompense?

Le lundi, 22 mai, un ordre de la Commune arriva à Mazas d'opérer immédiatement la translation des otages à la prison de la Roquette. Vers cinq heures du soir, avis fut donné aux prisonniers d'effectuer leurs préparatifs de départ. Ils furent bientôt faits, et les otages comparurent devant un délégué de la Commune. Leur identité vérifiée, on les fit descendre dans la cour d'entrée, entourée d'une triple haie de soldats. Montés dans des voitures de déménagement, ils y restèrent plus d'une heure (1). « Au dehors la foule était immense. Elle savait qu'on allait transporter le clergé à la Roquette. Elle frappait avec violence à la porte, menaçant de l'enfoncer, si on ne l'ouvrait pas. A la vue de cette foule d'enfants des deux sexes, de femmes du peuple, d'hommes en blouse à la figure sauvage, exaspérés, poussant des cris d'une joie féroce, j'éprouvai peut-être la plus pénible impression de toute ma vie, dit M. l'abbé Perny, dont les paroles initient si parfaitement aux épreuves subies par tous les otages. Ce flot populaire, grossissant de minute en minute, accompagnait la voiture. Les injures les plus basses, les vociférations les plus éhontées sortaient à la fois de toutes ces bouches hideuses à voir. Jamais, non, jamais, vous ne sauriez imaginer quelque chose d'aussi épouvantable. Je croyais voir une légion de démons acharnés à notre suite....

— « Arrêtez! arrêtez! à quoi bon aller plus loin. A bas

(1) M. Perny.

les calotins ! Qu'on les coupe en morceaux ici ! N'allez
pas plus loin ! à bas ! à bas ! »

« Vous eussiez dit une troupe de tigres altérés de sang ?

« Les soldats de la Commune avaient peine à retenir
ce flot populaire. La voiture allait au pas, comme pour
nous laisser épuiser jusqu'à la lie ce calice d'amertume.
Au lieu de suivre la grande voie des boulevards, on
nous fit traverser la rue du faubourg Saint-Antoine et
tous les quartiers si dévoués à la Commune. Il était environ huit heures du soir, quand nous arrivâmes à la
Roquette... »

Ici commence la grande agonie qui s'est prolongée
durant cinq jours pour l'abbé Planchat. L'armée était
dans Paris, occupant bientôt toute la rive gauche. La
plupart des chefs de la Commune préparent leur fuite.
Les autres, forcés de prolonger la lutte, se retirent
sur les quartiers extrêmes et abandonnent l'Hôtel de
Ville, sans oublier d'emmener avec eux les otages. Que
comptent-ils en faire. Veulent-ils les conserver comme
gages pour sauver leurs têtes, ou bien les réservent-ils
comme un holocauste de vengeance. Les rares otages
sauvés par miracle ont raconté cette tragédie. Chacune de ces cinq journées a sa péripétie spéciale. Celle
du lundi reporte aux scènes des catacombes.

Nous avons dit qu'à Mazas on faisait remettre aux
Pères de la Compagnie de Jésus, quelques adoucisse-
ments au régime alimentaire de la prison. Par ce moyen
et à l'aide d'un signe convenu, on put leur faire parvenir plusieurs fois la Sainte-Eucharistie. Qu'on se
figure la joie des saints confesseurs et leurs actions de
grâces au Seigneur, qui daignait venir les consoler
dans leurs angoisses ! On savait le lundi 23 que la provision des Pères n'était pas épuisée; et cependant l'amie
dévouée, dont Dieu se servait pour ménager à ses servi-

teurs cette grâce insigne, se sentit pressée par une inspiration intérieure de la renouveler sans plus tarder.
Le lundi 22 mai, un peu après midi, une femme
traversait les boulevards Montparnasse, de Port-Royal,
de l'Hôpital et le pont d'Austerlitz, au milieu du sifflement des obus. La route était déserte. Elle put la franchir sans accident. Bientôt tous ces quartiers allaient
se couvrir de barricades. La messagère du divin amour
arrive donc à Mazas. Deux livres qu'on lui remet de
la part du Père Olivain étaient le signal convenu
qu'il avait reçu avis de l'envoi sacré. Les précieuses
provisions, transmises par un gardien fidèle, arrivè-
rent exactement à leurs destinataires. Dans un vase
ouvert avec les précautions obligées, les Pères trouvèrent un petit sac de soie rouge, renfermant une boîte
qui contenait trois hosties consacrées. Transportées à la
Roquette, elles servirent de viatique aux martyrs. Quelques heures plus tard, et cette consolation suprême leur
était refusée. L'amie des saints confesseurs n'eut pas
été plus heureuse que la mère affolée de l'abbé Planchat, ayant obtenu la grâce de son fils et ne pouvant la
lui porter. Mais la charité est plus forte que la mort. Elle
inspirait celle qui, franchissant tous les obstacles, leur
apportait, avec un si grand courage, le pain des forts !

La journée du mardi contrasta avec les émotions de
la veille. Elle fut consacrée tout entière à l'effusion
de ces saintes âmes et aux consolations du ciel.

« .... Vers huit heures du matin, dit l'abbé Perny,
on ouvrit nos cellules, et, à notre profonde surprise, on
nous permit de nous réunir tous dans le corridor, pendant que les domestiques nettoyaient les cellules. Vous
comprenez avec quelle effusion de cœur, avec quelle
tendre charité tous ces condamnés à mort s'embrassè-
rent, et quelle fut leur joie de pouvoir, après la dure

et longue captivité de Mazas, épancher leurs cœurs les uns dans les autres. Un bon nombre d'entre nous ne se connaissaient pas ; mais les douleurs d'une même captivité produisirent incontinent un lien étroit d'affectueuse amitié entre nous tous... »

La plupart des prêtres se hâtèrent de profiter de cette première entrevue pour se confesser. Ce fut aussi dans ce jour que les saintes hosties apportées la veille de Mazas, furent partagées entre tous les prêtres. Chacun d'eux en réserva une parcelle pour communier en viatique, au moment de la mort qui menaçait tous les otages. Notre cher martyr se confessa donc et reçut, comme ses confrères, le dépôt sacré pour l'heure suprême. Une lettre datée de ce jour témoigne, autant qu'il était possible de l'exprimer, que ses dispositions dernières étaient prises. C'est son testament.

Grande-Roquette, 4ᵉ section, nᵒ 17. — 23 mai 1871.

Mon cher ami,

Etant otage et au dépôt des condamnés, j'ai quelques dispositions nécessaires à prendre.

La plus urgente est relative aux messes dont je restais chargé au 6 avril, jour de mon arrestation. Elles sont au nombre de quarante-et-une. Il serait urgent, que l'on commençât de suite à les acquitter. Si vous pouvez trouver quelqu'un qui les acquitte par charité tant mieux ; sinon vous pouvez garantir que ma mère les soldera, sitôt qu'elle pourra être avertie par vous.

2ᵒ J'ai quelques dettes bien anciennes ; quelques-unes vraiment criantes, surtout celle de Spinondy : si ma mère pouvait l'acquitter de suite ? (Spinondy, cordonnier (1), 238, rue de Montreuil, à Charonne.) Si ma

(1) C'était un fournisseur pour les pauvres.

mère était partie, priez mon frère de donner d'urgence un à-compte. Faire savoir à ma mère que, si je suis exécuté, je compte sur elle pour payer mes dettes charitables ; je n'en ai du reste pas d'autres. Vous savez quels sont mes fournisseurs.

Prière de communiquer ma lettre à mon frère, à qui j'écris seulement mon transfèrement ici.

On me dit que l'on peut recevoir ici à manger ; si vous pouvez continuer comme à Mazas, cela me ferait plaisir.

S'il se pouvait, sans que cela eût aucun inconvénient, me faire parvenir une bonne parole de mon vieil ami, M. Le Prévost (1), cela me ferait plaisir.

Nous avons pu nous confesser. Priez et faites prier pour nous tous, pas seulement pour moi.

Adieu, mon cher ami, faites toujours à nos chers enfants et à tous le plus de bien que vous pourrez ; la récompense, là-haut, est infinie.

Votre ami bien affectionné et bien reconnaissant.

L'abbé PLANCHAT, prêtre.

Pardon de toutes mes méchancetés envers vous et envers tous. Mille choses à tous ; adieux de précaution ; en particulier à MM. Ernest, Charles B***.

(1) Prêtre et supérieur général de la communauté dont il faisait partie et qu'il désigne avec précaution, de peur de le dénoncer aux misérables par les mains desquels il sait que sa lettre doit passer.

IX

L'EXÉCUTION

Le récit de l'abbé Perny est le seul qui relate, pour ainsi dire, heure par heure, les péripéties du drame terrible qui touche à son dénouement, et qui raconte les émotions successives de découragement, d'espérance ou de terreur, des infortunées victimes dont se jouaient avec tant de barbarie les tyrans qui touchaient au terme de leurs forfaits. On nous permettra de reproduire les passages où l'abbé Perny reproduit ces impressions communes aux autres otages, et qui furent celles de l'apôtre dont nous avons entrepris de raconter la sainte vie et les douleurs suprêmes.

« Le mardi, vers neuf heures du matin, on nous fit rentrer dans nos cellules. Cette entrevue commune avait été une immense consolation pour le cœur de tous, malgré la gravité de la situation.... Du sein de nos cellules nous entendions, avec une profonde douleur, la bataille qui se livrait dans divers endroits de la ville. L'écho violent et répété du canon, le sifflement aigu et continuel des obus tombant avec fracas, les incendies qui se manifestaient de divers points, tout annonçait l'heure de la lutte suprême entre la Commune et l'armée régulière. Il ne fallait aucun effort d'esprit pour se sentir sous la main de Dieu, et porté au plus profond recueillement. On commençait à compter son existence par les minutes qui s'écoulaient. Le moindre bruit dans le corridor tenait les oreilles en suspens..... Vers midi, nous eûmes un autre sujet de joie et d'étonnement tout à la fois. On nous accorda la récréation en commun, dans le préau qui longe trois corps de bâtiments de la prison. Les dix otages ecclésiastiques de la 3ᵉ division, furent envoyés avec nous dans le même préau. Chacun s'empressa autour de Monseigneur l'Archevêque, qui se montra aimable à tous, malgré les grandes souffrances corporelles qu'il ressentait. Puis on se forma en groupes, passant de l'un à l'autre, afin d'avoir la consolation de se saluer mutuellement. Pendant ces moments de récréation, on se prodiguait mutuellement les consolations et les secours de la religion. Je me plaisais à contempler le spectacle de tous ces otages condamnés à une mort qui me semblait certaine. Quelle dignité, quel calme, quelle résignation aux desseins du ciel ! Chacun d'eux avait un doux sourire sur les lèvres. La dure captivité ne semblait peser à personne.... Plusieurs otages laïques m'ont fait part spontanément de leur admiration, à la vue de tous les otages ecclésiastiques, si pleins de mansuétude à l'égard de nos bourreaux et si calmes, malgré le danger qui nous menaçait tous. »

« Le mercredi 24 mai, la lutte entre les fédérés et l'armée régulière, était bien vive. Les incendies de certains monuments projetaient dans l'air des nuages de fumée si épaisse, que les rayons du soleil en étaient obscurcis. On aurait dit dans nos cellules une véritable éclipse. Le bruit du combat se rapprochait de nous. Les armées étaient de plus en plus aux prises. Notre cœur palpitait d'émotion. Quelle situation que la nôtre ! Nos amis ignoraient le péril immense que nous courrions. Ils ne savaient même pas que nous étions à la Roquette.

« A notre entrevue commune du matin, il me sembla lire sur la plupart des figures une lueur d'espérance.... La sérénité des figures était plus sensible, l'épanchement des cœurs plus touchant que la veille encore. ... Au moment où le surveillant nous fit signe que l'heure de la récréation était terminée, j'entendais la plupart de mes collègues manifester la joie, la consolation que leur procurait cette entrevue. *Frater adjutus a, fratre quasi turris firmissima.* C'est sous cette douce impression que chacun regagna sa cellule. »

« Les membres de la Commune devaient être alors dans une étrange perplexité. Ils s'étaient imaginé que l'armée régulière allait perdre le temps à prendre en face barricade par barricade. Ces jeunes insensés croyaient à une défense qui pouvait durer plusieurs mois. En trois jours seulement tous leurs plans se trouvaient ruinés. Ils étaient poursuivis, chassés, délogés avec tant d'énergie et d'ensemble que le désarroi se mit parmi eux. La fameuse assemblée se transporta dans la mairie du XIe arrondissement, fortifiée d'une manière formidable. C'était son dernier retranchement. C'est de cette mairie que la Commune lança l'ordre de massacrer immédiatement 68 otages, surtout les prêtres, parce que disait le mandat, les *bandits de Versailles* auraient tué quelques officiers de la Commune pris à la barricade de la rue Caumartin.

« Le greffier de la Roquette, en recevant ce mandat des mains d'un citoyen aviné, fut frappé de consternation.

« — On a mis à mort quelques prisonniers de la commune. C'est déplorable assurément, mais il doit y avoir une erreur de l'écrivain du mandat. On ne peut ordonner l'exécution de soixante-huit otages pour deux ou trois victimes. Je suppose que c'est cinq ou six au plus qu'on a voulu dire. Retournez donc à la Commune faire rectifier cette erreur.

« Le mandat portait en outre que cette affreuse besogne fût exécutée à six heures précises de ce même soir. L'officier de la Commune, calmé par les paroles du greffier, revint quelque temps après avec un mandat corrigé. On réclamait cette fois l'exécution de six otages choisis parmi les prêtres ; sur la liste, le nom de M. Bonjean se trouvait porté.

« — Ah ! fit le greffier, voilà encore une erreur, il convient que les choses se fassent en règle. Retournez donc à la Commune. Il y a le nom de ce laïque à supprimer, et celui de deux ou trois otages encore.

« L'officier fut inflexible : aucune parole ne put le persuader de faire cette démarche. Le nombre des victimes se trouva donc fixé à six. C'est ainsi qu'au lieu de six heures du soir, l'exécution se trouva forcément retardée de deux heures.

« Vers huit heures du soir, le mercredi 24 mai, le corridor de notre IVe division fut envahi par un détachement de fédérés. Ce détachement était composé de Vengeurs de la Commune et de soldats de différentes armes. Leur chef laissait traîner son bancal avec fracas sur le pavé, en envahissant notre corridor. Il parlait très-haut. Son arrivée et celle de ses séïdes causèrent, j'en suis persuadé, une grande émotion dans la cellule de tous les prisonniers.

« — Oui, criait-il, il faut enfin que tout cela finisse.

« Il achevait ces paroles de cannibale en passant devant ma cellule. Un de ceux qui le suivaient prononça alors ces paroles sauvages :

« — Ah ! cette fois nous allons les coucher.

« Je m'étais approché de la porte; ces dernières paroles me glacèrent d'effroi. Je me jetai aussitôt à genoux sur ma paillasse pour offrir ma vie à Dieu.

Cette horde de barbares continua sa marche jusqu'à l'extrémité du corridor.

« Là, quelqu'un d'entre eux s'écria :

« — Attention, citoyens, répondez à l'appel de vos noms.

« — Êtes-vous le citoyen Darboy ?

« — Non, fit le détenu.

« C'était M. l'abbé Guérin, qui, par un mouvement involontaire, saisit la liste que l'un d'eux portait à la main. On ne lui laissa que le temps de voir les premiers noms.

« — Citoyen Darboy !

« Monseigneur, dit-on, répondit d'une voix accentuée :

« — Présent !

« Sa cellule fut ouverte. Le prélat sortit et se trouva en présence de ces monstres humains. La disposition du lieu, jointe à l'obscurité de la nuit, ne permettait à personne de voir ce qui se passait dans le corridor. L'appel fut continué cinq fois de la même manière. J'entendis distinctement la réponse de M. Allard. Les six victimes sont connues.

« Mgr Darboy, archevêque de Paris.

« M. Deguerry, curé de la Madeleine.

« M. Bonjean, premier président.

« Le P. Ducoudray, supérieur de l'institution Sainte-Geneviève, de la rue des Postes.

« Le P. Clerc, de la même maison.

« L'abbé Allard, aumônier des ambulances.

« Brutalement enlevées à cette heure, comme si les bourreaux avaient redouté la lumière du jour pour exécuter leur forfait, ces illustres victimes furent aussitôt conduites par le petit escalier tournant qui mène au préau où nous prenions nos récréations... A peine cette bande de cannibales eut-elle disparu de notre corridor avec les victimes, que je me levai pour prier en m'appuyant sur ma fenêtre qui était ouverte. Dix minutes, un quart-d'heure environ s'était à peine écoulé, que le cortége arrive sous ma fenêtre. Je tressaillis à cette vue. Je m'inclinai aussitôt, après avoir donné toutefois, en élevant la main, une absolution à ces victimes. Le brigadier marchait en tête, les mains dans ses poches. Derrière lui, les victimes étaient entourées par les soldats marchant dans une espèce de désordre.

« Mgr l'archevêque donnait le bras à M. Bonjean; M. Deguerry donnait le sien au P. Ducoudray, le P. Clerc et M. Allard venant en dernier lieu. Ce dernier portait son brassard d'aumônier et tous les autres insignes... J'ai cru remarquer que le chef de la bande terminait le cortége; son bancal traînait à terre. Deux ou trois gardiens suivaient le cortége..... Arrivées à l'angle du second mur d'enceinte, à l'endroit même où l'exécution allait avoir lieu, les victimes se seraient mises à genoux pendant quelques secondes..... Placées environ à deux mètres de distance du mur, sur une même ligne, ainsi que cela paraît visible par les balles qui ont atteint le mur, les victimes tombèrent bientôt sous un feu de fil en désordre. Un bon nombre d'otages de notre corridor entendirent distinctement cet horrible massacre. Il était environ huit heures et demie du soir.

« Quel silence dans notre corridor! On respirait à peine. Chacun de mes bien aimés frères en Jésus-Christ, pensait sans doute comme moi, que notre dernière heure était arrivée, que dans quelques instants cette horde de barbares allait rentrer à la prison et faire un nouvel appel. Prosterné sur ma couche, je récitais les psaumes de la pénitence, puis les prières de la recommandation de l'âme.

« Entre onze heures et minuit, un nouveau bruit se fait entendre dans l'escalier. Je me levai, prêt à partir au premier signal... Quelques-uns de ces sicaires, accompagnés sans doute de surveillants, remontèrent à notre étage pour enlever les effets de leurs victimes. Les oreilles étaient en suspens. Ils se retirèrent peu de temps après. Le directeur de la prison ou l'un des brigadiers, revint au bout d'une demi-heure. Ce fut encore une nouvelle émotion dans les cellules. On fermait les portes et les grilles des avenues. J'entendis distinctement ces paroles :

« — S'ils reviennent, je vous défends d'ouvrir.

« C'est alors que je compris que cet ordre devait venir du directeur de la Roquette.

« Toute nouvelle exécution, au moins durant cette nuit, était donc suspendue. »

« Vers dix heures du matin, le jeudi 25 mai, j'entends les pas de deux ou trois surveillants qui franchissent notre corridor. Ils gardent le silence en marchant. Au côté opposé à ma cellule, une porte s'ouvre. Je ne puis distinguer les paroles échangées avec le prisonnier. Mon œil demeura fixé au vasistas de ma porte. Après quelques minutes seulement, je vois repasser devant ma porte les mêmes employés de la prison, accompagnant un otage. C'était le banquier du Mexique, M. Jecker. Il est probable qu'on l'invita tout simplement à se rendre au greffe sans autre explication; le banquier n'a pas reparu. Il a été certainement exécuté...

Je n'ai pas besoin de vous dire les sentiments qui animaient les otages à la première entrevue commune qui suivit le martyre de Mgr Darboy et de ses compagnons.

Chacun s'empressa auprès de messieurs les vicaires-généraux de Mgr l'archevêque... Tous les otages se promènent par petits groupes, passant des uns aux autres. Mais les figures sont moins épanouies que le jour précédent. On lit sur chacune d'elles l'empreinte d'un recueillement tout céleste. Chacun se disait sans doute : « Demain, je ne serai probablement pas ici: »

« Durant cette récréation, M. l'abbé Bécourt, curé de Bonne-Nouvelle, proposa le vœu de dire une messe, le premier samedi de chaque mois, pendant trois années, si les otages obtenaient leur délivrance.

« Ce pieux projet fut accepté avec empressement par chacun de nous. M. l'abbé Petit, secrétaire général de l'archevêché, rédigera une feuille commémorative de ce vœu, si nous échappons à la fureur de nos ennemis. L'heure de la récréation terminée, on se salue mutuellement, avec l'intime conviction qu'un bon nombre d'entre nous ne se reverraient plus ici-bas. La journée du jeudi s'achève dans le calme à l'intérieur. Mais l'acharnement de la lutte, entre les insurgés et l'armée régulière, devient de plus en plus vive. La fusillade ne cesse pas. La détonation ressemble à celle d'une poudrière qui éclate. Les incendies se manifestent dans toutes les directions de la ville... A la nuit tombante, je remarquai des allées et venues de soldats fédérés dans le préau qui est sous mes fenêtres. Cela me semble un signe de mauvais augure pour la nuit qui va commencer. Il me paraît même que les postes ont été doublés... Le silence continuant à être profond dans la maison jusqu'à deux heures du matin, je conclus que nulle exécution n'aurait lieu avant le jour....

« Il est certain que le vendredi matin, je m'étonnais d'être encore en vie. Je me demandais si mon existence était bien une réalité. Je suis persuadé que ce sentiment étrange était celui de la plupart d'entre nous. Au fond nous avions raison de penser ainsi... On dit que le membre de la Commune, chargé d'apporter au directeur de la Roquette l'ordre d'une nouvelle exécution, n'aurait pu parvenir jusqu'à la prison, à cause des mouvements stratégiques de l'armée qui investissait de plus en plus les derniers retranchements de la Commune.... Ce délai donnait une lueur d'espérance de salut.... Quelques bombes des fédérés, qui avaient établi des batteries au Père-Lachaise, tombèrent sur la prison de la Roquette. Au lieu de causer de la frayeur, cet accident causa à tous une véritable joie. Plusieurs prisonniers faisaient déjà leur petits préparatifs de départ, car ils supposaient que, les obus continuant à tomber sur l'établissement, on ferait nécessairement ouvrir les portes. On assurait que le directeur de la prison avait tout disposé pour sa propre fuite, dès que le moment serait venu.

« Le temps était à la pluie, le vendredi, 26 mai. On ne nous conduisit point dans le préau de la promenade. Les grilles qui sont aux extrémités du corridor furent fermées. On nous permit de sortir et de nous promener dans ce corridor. Chacun souffrait de la faim. Notre sentence de mort nous menaçait de minute en minute. Le bombardement qui avait lieu depuis le cimetière du Père-Lachaise, causant un certain désarroi dans la prison, on nous laissa plus longtemps ensemble dans ce couloir. J'en tirais du reste un présage de sinistre augure, car j'avais remarqué, le mercredi, qu'après nous avoir fait remonter du préau dans notre étage, on nous avait laissés libres de rentrer dans nos cellules ou de continuer la récréation dans le corridor.

« Vers cinq heures et demie, environ, on vit tout à coup arriver dans notre étage un brigadier de la maison; il tenait une liste à la main et s'avança jusqu'au milieu du corridor, où le manque de deux cellules, du côté gauche, laisse un plus grand espace vide. Ce misérable brigadier avait l'air souriant.

« — Messieurs, faites attention ; répondez à l'appel de vos noms. Il en faut quinze!

Cette parole sauvage, « *Il en faut quinze,* » fit courir un frisson dans toute l'assemblée.

« Ce séïde de la Commune commence son appel.

« Les nouvelles victimes répondent avec calme :

« — Présent!

« On les range en cercle au fur et à mesure que leur nom est proclamé.

« Le brigadier ne peut lire le nom du P. de Bengy qui s'approche de lui et, reconnaissant son nom, répond sans s'émouvoir.

« — Présent! »

Pour surcroît de tortures, l'appel se faisait avec lenteur. Avant d'appeler un nouveau nom, le brigadier attendait que le condamné, précédemment appelé, eût fait ses derniers apprêts et fût sorti de sa cellule, ce qui demandait toujours quelques minutes, un siècle dans un pareil moment.

A genoux derrière leur porte, tenant dans leurs mains la parcelle sacrée contenant le corps de Notre-Seigneur, réservée pour le moment suprême, les otages attendaient l'appel de leur nom, se communiaient et se levaient aussitôt pour marcher à la mort.

Le brigadier compta à deux reprises les dix premières victimes. Puis il cria :

— Il en faut encore cinq.

Cinq noms furent encore proclamés. »

En faisant son appel, le brigadier passa plusieurs noms. Il omit celui de M. l'abbé Petit, secrétaire général de l'archevêché. Le nom de l'abbé Planchat se trouva alors le dernier de la liste.

A coup sûr, Dieu s'était réservé cette victime, que tant de circonstances eussent dû sauver.

Le brigadier, qui lisait mal, estropia encore le nom de l'abbé Planchat, comme il avait fait de celui du P. de Bengy.

Le martyr s'avança, se rangea de lui-même du côté des victimes designées, et dit simplement :

— C'est Planchat que vous voulez dire.

Il était pâle et triste, sans pourtant avoir l'air abattu, et sa tranquillité d'âme en ce cruel moment fut remarquée par les témoins survivants de cette scène.

L'un des otages demanda la permission d'aller prendre son chapeau dans sa cellule.

— C'est inutile, reprit le brigadier, vous allez seulement descendre au greffe. Ne vous effrayez donc pas, Messieurs.

M. l'abbé de Marcy, vicaire de Saint-Vincent de Paul, répondit aussitôt presque gaiement.

— Nous sommes pourtant payés pour cela.....!

La séparation s'accomplit avec le plus grand calme, avec une dignité remarquable, sans effusion, aussi noblement, aussi simplement que possible. L'attente avait été longue, l'anxiété pénible, mais la préparation était faite et le sacrifice accepté.

Voici les noms des nouvelles victimes.

Le P. Olivain, supérieur des jésuites de la rue de Sèvres.

Le P. Caubert, procureur de la même maison.

Le P. de Bengy, jésuite, aumônier de l'armée.

Le P. Ladislas Radigue, prieur de la maison de Picpus.

Le P. Marcelin Rouchouze, secrétaire général de Picpus.

Le P. Polycarpe Tuffier, procureur général de Picpus.

Le P. Frezal Tardieu, membre du conseil de Picpus.

M. l'abbé Sabattier, vicaire de Notre-Dame de Lorette.

M. Paul Seigneret, séminariste de Saint-Sulpice.

M. l'abbé Planchat.

Le brigadier, après s'être assuré par un nouvel appel que sa liste était en règle et qu'il ne lui manquait personne, fit descendre les victimes dans la cour par le grand escalier.

En même temps, on appelait, dans une autre section trente gardes républicains que l'on réunit aux otages (1).

« Ils étaient entourés d'un nombre assez considérable de fédérés du XI⁰ et du V⁰ arrondissements, mêlés à des séides de Bergeret et de Flourens, et quoiqu'on eût essayé de leur faire croire qu'ils allaient être conduits à la mairie pour y être mis en liberté, ils durent comprendre à la vue de ces atroces figures le sort qui leur était réservé.

« Bientôt la grille et la grande porte s'ouvrent; l'escorte s'ébranle, entourant les otages placés au milieu. Le cortége se dirige sur la droite, en remontant la rue de Roquette, dans l'ordre suivant :

« En tête dix clairons et deux trombones; ensuite une cantinière et un officier d'état-major, tous deux à cheval, un citoyen portant un drapeau rouge et derrière eux les victimes, les gardes républicains d'abord, puis les prêtres, puis d'autres gardes républicains et des laïques.

« Ils étaient rangés deux par deux et sans liens : l'escorte d'exécution formait la haie. Nous ne parlons pas de cette foule immonde, de ces femmes ignobles, de ces gens de sac et de corde qui précédaient ou suivaient le cortége.

« On put croire un moment que les victimes allaient entrer dans le Père-Lachaise pour y être immolées; on se trompait. Le chemin du Calvaire devait être pour elles plus long et plus douloureux. On allait en effet les

(1) *Semaine religieuse de Paris.*

conduire à la rue Haxo, tout près des fortificatins de Belleville, en suivant cet itinéraire que nous croyons parfaitement exact :

« Le boulevard Ménilmontant,

« La rue qui porte le même nom,

« La rue Puébla,

« La rue des Rigolles,

« La mairie du 20e, en face l'Église,

« La rue de Belleville (ancienne rue de Paris),

« La rue Haxo, 85.

« Arrivés à la Mairie, le cortége y entre par la porte de derrière, et y stationne environ une demi heure. Pourquoi ce temps d'arrêt? on l'ignore. Les brigands qui formaient l'escorte ont sans doute voulu s'y rafraîchir. Quant aux victimes on ne les abreuvait que d'outrages ; et la vile populace, qui n'avait fait que grossir dans le trajet, demandait hautement leur mort.

« Enfin on sort de la mairie par la rue de Belleville, et dans le même ordre qu'on y était arrivé. Un homme monté sur une charrette et un drapeau rouge à la main s'était joint au cortége, et d'une voix de stentor faisait entendre, de distance en distance, ces paroles:

« — Citoyens, le dévouement de la population de Belleville méritait d'être récompensé par la mort de ces otages.

« Et la populace applaudissait et criait:

« — Oui ! la mort! la mort!

« La maison de la rue Haxo qui porte le n° 85, est une propriété qui avait servi de secteur pendant le siége et qui en servait encore sous la Commune ; c'est là que s'étaient réfugiés depuis le matin, les délégués de la guerre, de l'intérieur et des finances, auxquels on venait sans doute par honneur, offrir les têtes de près de soixante victimes....

« On pénètre dans cette propriété, appelée cité Vincennes (1), « en traversant un jardin : vient ensuite une grande cour, précédant un corps de logis de peu d'apparence dans lequel les insurgés avaient établi un quartier général.

« Au delà et à gauche se trouve un second enclos, qu'on aménageait pour recevoir une salle de bal champêtre, quand la guerre éclata. A quelques mètres, en avant d'un des murs de clôture, règne jusqu'à hauteur d'appui, un soubassement destiné à recevoir les treillis qui devaient former la salle de bal. L'espace compris entre le soubassement et le mur de clôture, forme comme une large tranchée de dix à quinze mètres de longueur ; un soupirail carré, donnant sur une cave, s'ouvre au milieu.

«C"est le local que ces misérables avaient choisi pour l'assassinat. »

Seulement le voisinage où l'on se trouvait des Prussiens, n'était pas sans donner quelque inquiétude aux assassins, qui craignaient d'être entendus et interrompus dans leur horrible besogne.

« Très-peu de personnes faisant partie de la multitude massée aux alentours purent pénétrer à l'intérieur. En tout cas, aucun témoin, dit le P. Escaille, ne veut m'avouer ce qui s'est passé dans l'enclos. »

A leur entrée dans ce repaire, les prêtres étaient frappés à coup de crosses de pistolet d'arçon. « Les terrains vagues qui sont aux abords de la cité Vincennes était remplie d'une grande foule, manifestant les plus violentes et les plus haineuses passions. Les otages la traversaient avec calme ; quelques-uns des prêtres, le visage meurtri et sanglant.

« On parle d'un prêtre de taille moyenne, pâle, amaigri, d'allure ferme et décidée, très-probablement

(1) Rapport du P. Escaille.

le père Olivain, supérieur des jésuites de la rue de Sèvres, qui aurait été placé seul en tête de trois groupes d'otages (1). »

On a également cité un prêtre âgé, marchant le dernier, mutilé à coups de crosses sur la tête par ces misérables. Est-ce un pauvre picpussien, comme on l'a supposé? Est-ce l'abbé Planchat dont le crâne était complétement dénudé? Toujours est-il que des quinze prêtres exhumés le lundi 23 mai, de la fosse où toutes les victimes furent jetées pêle-mêle, les cadavres des père Olivain et de l'abbé Planchat furent ceux sur lesquels la fureur des cannibales semblait s'être particulièrement acharnée. Le visage du père Olivain avait été comme écrasé. A tous deux manquaient le front et le crâne en entier.

Au milieu de ces tortures, l'abbé Planchat marchait tranquille, les yeux baissés, ne pensant qu'à offrir à Dieu le sacrifice de sa vie.

A un petit enfant du Patronage, qui s'avança pour lui dire adieu, il ne répondit pas.

Il fallait que le martyr fut bien détaché de la terre, pour ne pas apercevoir ce témoignage courageux de fidèle affection de l'un de ses bien-aimés enfants.

On assure que dans l'enclos, la mise à mort des otages fut de nouveau débattue. On prétend que l'état-major qui siégeait encore, refusa son consentement. On cite même un lieutenant-colonel et un commandant, comme ayant été menacés d'être fusillés pour avoir voulu mettre empêchement à l'exécution. Ayant alors quitté l'enclos, ils se retirèrent chez un marchand de vin de la rue Haxo nommé Desenne, et arrachèrent leurs galons pour protester contre un pareil attentat. Ce fut la foule, en majeure partie composée de femmes

____

(1) Rapport du P. Escaille.

ivres de fureur, qui exigea, à grands cris, la mise à mort des malheureux otages.

Comment s'opéra l'exécution? Ici manquent encore les renseignements authentiques.

Le Père Escaille, dans un rapport au général Ladmirault, dit que « pendant sept à huit minutes, on entendit du dehors des détonations sourdes, mêlées d'imprécations et de cris tumultueux. Il paraît certain que les victimes, une fois parquées dans la tranchée, furent assassinées en masse à coup de revolvers, par tous les misérables qui se trouvaient sur les lieux. On n'entendit que très-peu de coups de chassepots dans l'enclos. Il y eut à la fin quelques détonations isolées, puis quelques instants de silence. »

Cette exécution atroce de barbarie serait assez conforme en effet à l'appréhension qu'avaient les assssasins du voisinage prussien.

« Un homme en blouse et en chapeau gris portant un fusil en bandouillère, continue le P. Escaille, sortit alors du jardin. A sa vue la foule applaudit avec transport. De jeunes femmes vinrent lui serrer la main et lui frapper amicalement sur l'épaule en disant : — Bien travaillé, mon ami !.... »

Mais d'après un témoin oculaire, que confirme le récit donné par la *Semaine religieuse* de Paris, les otages auraient été fusillés dix par dix.

« On les a fait monter dix par dix sur un mur en construction à demi-hauteur d'appui (indiqué par le P. Escaille) les gendarmes d'abord, les civils et les prêtres ensuite, et après cinq ou six décharges successives, le sacrifice est consommé. Leurs corps restèrent étendus par terre, à la place même où ils étaient tombés, depuis le vendredi huit heures du soir jusqu'au samedi onze heures du matin. A ce moment on les déposa, ou plutôt, on les jeta pêle-mêle dans une cave qui n'était pas couverte.

Il y a au Patronage Sainte-Anne un jeune apprenti qui a assisté à l'exécution; mais jusqu'ici il a été impossible d'obtenir de lui aucun détail ni sur l'immolation dans son ensemble, ni sur la mort de l'abbé Planchat. Aussitôt qu'on essaie de lui en parler, il se met à fondre en larmes, et on ne peut lui arracher que des sanglots.

Dans une lettre adressée à la *Gazette du Midi* et reproduite par différents journaux, on prétend que le vendredi les cadavres «furent jetés dans un grand trou... Quand la fosse fut recouverte, ces sauvages féroces, ivres de sang et de carnage, reprirent leurs instruments de musique, et exécutèrent avec les spectateurs une vraie saturnale bien avant dans la nuit. »

Les deux récits ne sont pas d'accord, ils peuvent pourtant se concilier. Les corps, en effet, ne furent peut-être jetés dans la fosse que le lendemain, mais rien n'empêche de croire que la danse infernale ait eu lieu sur les cadavres encore chauds. De quelles horreurs n'étaient pas capables les monstres qui venaient de commettre ces meurtres sacriléges ?

On peut se figurer, mais on ne peut décrire, le spectacle de cette orgie sauvage, à la lueur du ciel rougi par les flammes de Paris incendié.

Le lundi suivant, 29 mai, vers le soir, les parents et les amis des victimes se trouvaient réunis auprès de l'horrible fosse de la rue Haxo. L'abbé Raymond, vicaire de Belleville, avec un grand courage, présidait à la douloureuse exhumation. Il y avait là, en différents groupes, plusieurs pères de la compagnie de Jésus, quelques femmes ou mères des gardes républicains massacrés, des enfants du patronage, de pauvres femmes de Charonne et quelques frères de Saint-Vincent de Paul, à la recherche du corps de l'abbé Planchat.

Lorsqu'il fut tiré du sinistre caveau, avant que ses frères en religion aient pu le reconnaître, les pauvres femmes et les enfants s'étaient écriés en pleurant :

— C'est M. Planchat!

Nous hésitions encore, et les sanglots de ces pauvres gens éclataient autour de nous!

Un des fossoyeurs dit alors à un jeune homme, dont on ne pouvait calmer le désespoir :

— Ne pleurez pas votre professeur! voyez, il est mort les yeux levés vers le ciel!

Le fait était vrai et saisissant.

La dernière pensée, le dernier soupir, comme la vie tout entière du saint martyr, était dans ce regard.

X

ÉPILOGUE

Humble maison de Sainte-Anne, ton nom jusqu'alors inconnu brillera désormais d'un éternel éclat dans les annales de l'Eglise de Paris !

Les révolutions ont détruit nos vénérés pèlerinages d'autrefois. Ta pauvre chapelle devient pour la cité un sanctuaire nouveau de bénédictions et de grâces.

Serviteurs des pauvres, frères et membres de Saint-Vincent de Paul, vénérables pasteurs, jeune clergé de Paris, vous y viendrez souvent vous inspirer des exemples de ce grand apôtre du peuple et des petits !

Pauvres, Enfants et Ouvriers, qui avez connu l'abbé Planchat, admiré son dévouement, compris son cœur, saluez avec respect cette maison bénie, où le pauvre prêtre a fait tant de bien, et où il n'est plus là pour vous accueillir et vous consoler.

Entrez dans ce sanctuaire; venez au pied de cet autel, qu'il couvre encore de sa tendresse, mais où vous ne le verrez plus monter, et offrir, pour vos peines et vos misères, l'adorable victime.

Au ciel il prie pour vous; mais, n'en doutez pas, cette âme de feu, ce cœur si plein de miséricorde, intercède aussi pour la conversion des pauvres ouvriers qui ne connaissent pas le prêtre et le haïssent....

Il prie surtout pour ses bourreaux qu'en mourant, sans doute, il a bénis et pardonnés!

FIN.

TABLE DES MATIÉRES

PARIS. — IMPRIMERIE VICTOR GOUPY, RUE GARANCIÈRE, 5.